클래식 기타 어드벤쳐

Lesson Book 1

by Michael McCartney 초급용

KB232350

music tree

Foreword

세계적인 스테디셀러 《A New Tune a Day》의 한국어판 《어드벤처 시리즈》 전권을 출간하게 된 것을 기쁘게 생각합니다.

최고의 전문가들이 참여하여 '가장 쉽게 시작하면서도, 정확하게 배울 수 있는 교수법'을 다년간 연구하였습니다. 이 교수법을 바탕으로 바이올린, 플루트, 기타 등 15개의 악기, 총 28권의 교재가 개발되었으며, 음대 교수님들과 오케스트라 음악감독 등 권위자의 감수를 통해 우수성을 검증받았습니다.

본 시리즈는 악기를 중간에 포기하는 일이 없도록 누구나 좋아하는 노래, 클래식, 재즈, 크리스마스 캐롤 등 친근한 레퍼토리를 통해 테크닉과 음악성을 동시에 길러주며, 세심하게 구성된 진도와 CD가 실력을 빠르게 쌓을 수 있도록 이끌어줄 것입니다. 각 악기별로 공통된 연주곡도 담겨있어 학교 앙상블 수업이나 동호회 연주회에도 효과적입니다. 바이올린 교재는 첼로, 비올라 교재와, 클라리넷은 색소폰과, 일렉 기타는 베이스 기타, 드럼 교재와 함께 사용할 수 있습니다.

《어드벤처 시리즈》로 평생 즐길 수 있는 나만의 악기를 찾고, 음악을 통해 새롭게 펼쳐질 풍요로운 삶을 누리시기 바랍니다.

한국어판 감수를 도와주신 서울대학교 최경환, 김재윤 교수님, 한국예술종합학교 오광호, 이강호, 이성우, 이성주, 이철웅 교수님을 비롯하여 원무연, 이하재, 조장휘, 진우경 교수님께 감사 드립니다.

🎼 《어드벤처 시리즈》만의 장점

- 교수법을 바탕으로 한 체계적인 진도
- 기초 음악이론과 클리닉을 위한 중간 테스트
- 관련 장비, 자세, 테크닉에 대한 친절한 설명
- 누구나 쉽게 배우는 아르페지오, 코드 차트
- 클래식, 재즈, 팝송 등 연주효과 탁월한 레퍼토리
- 각 레슨마다 학습목표 제시
- 자세와 운지법을 익힐 수 있는 사진과 그림
- 시범연주와 반주가 수록된 CD로 탁월한 연습효과

🎼 어드벤처 시리즈 구성

	악기 종류별 레슨 교재	병행 교재			악기 종류별 레슨 교재	병행 교재	
관악기	플루트 어드벤처 레슨 1, 2	연주곡집	스케일 & 아르페지오 교재	**현악기**	바이올린 어드벤처 레슨 1	연주곡집	스케일 & 아르페지오 교재
	클라리넷 어드벤처 레슨 1, 2	연주곡집			첼로 어드벤처 레슨 1	연주곡집	
	트럼펫 어드벤처 레슨 1	연주곡집			비올라 어드벤처 레슨 1	연주곡집	
	트롬본 어드벤처 레슨 1	연주곡집		**기 타**	클래식 기타 어드벤처 레슨 1	연주곡집	
	알토 색소폰 어드벤처 레슨 1, 2	연주곡집			어쿠스틱 기타 어드벤처 레슨 1	연주곡집	
	테너 색소폰 어드벤처 레슨 1	연주곡집			일렉 기타 어드벤처 레슨 1	연주곡집	
타악기	드럼 어드벤처 레슨 1	연주곡집			베이스 기타 어드벤처 레슨 1	연주곡집	
건반악기	피아노 어드벤처 레슨 1	연주곡집					

《병행교재》

- **연주곡집:** 레슨 교재 1권 중반부터 병행교재로 함께 배우거나, 앙상블 레퍼토리로 활용하면 좋습니다.
- **스케일 & 아르페지오 교재:** 모든 악기에 사용할 수 있는 스케일 & 아르페지오 교재에는 전통 클래식 음악에 사용되는 장음계와 단음계 외에도 록과 재즈 연주에 도움이 되는 블루스, 펜타토닉, 디미니쉬 스케일 등이 수록되어 있어 탄탄한 테크닉을 길러줍니다.

Contents

A New Tune *A* Day

This book © 2006 Boston Music Company,
a division of Music Sales Limited.

Edited by David Harrison
Music processed by Paul Ewers Music Design
Original compositions and arrangements by Michael McCartney
Cover and book designed by Chloë Alexander
Photography by Matthew Ward
Model: Jonathan Broad
Backing tracks by Guy Dagul
CD performance by Michael McCartney
CD recorded, mixed and mastered by Jonas Persson and John Rose

www.musicsales.com

음악의 첫걸음	4
연주에 앞서	6
Lesson 1	10
Lesson 2	13
Lesson 3	16
Lesson 4	18
Lesson 5	22
Test Lesson 1-5	25
Lesson 6	26
Lesson 7	28
Lesson 8	31
Lesson 9	34
Lesson 10	37
Test Lesson 6-10	43
Lesson 11	44
Lesson 12	47
Lesson 13	49
Lesson 14	52
Lesson 15	55
Test Lesson 11-15	63
CD track	64

음악의 첫걸음

보표

줄이 다섯 개라서 오선보라고도 합니다.
음표는 5개의 선 위에 그립니다. 모든 보표에는 악기의 음역을 나타내주는 음자리표가 있습니다.

높은음자리표: 주로 선율 악기에 사용

보표에는 마디를 나누는 세로줄이 있습니다.
각 마디의 길이는 동일합니다.

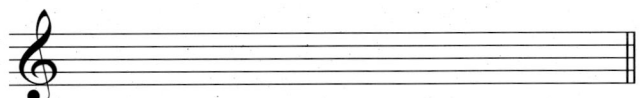

음표와 쉼표의 길이

음표의 길이는 다양한 모양으로 나타냅니다. 음표와 길이가 같은 쉼표도 있습니다.
음표와 쉼표의 이름은 온음표를 몇 개로 나눌 수 있는지를 의미합니다.
온음표를 4로 나누면 4분음표, 8로 나누면 8분음표라고 합니다.

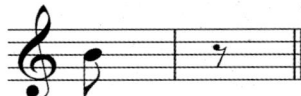
8분음표(반 박) = 8분쉼표(반 박)

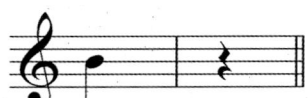
4분음표(1박) = 4분쉼표(1박)

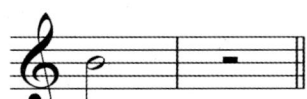
2분음표(2박) = 2분쉼표(2박)

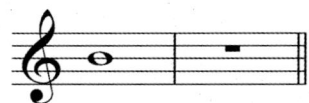
온음표(4박) = 온쉼표(4박)

그 외의 음길이

음표 오른쪽에 점을 찍으면 원래 길이의 절반만큼 음표의 길이가 길어집니다.
예를 들어 점2분음표 하나의 길이는 2분음표와 4분음표를 더한 길이와 같습니다.

8분음표 묶기

둘 이상의 8분음표가 연달아 나올 경우 꼬리를
이렇게 연결할 수 있습니다.

박자표

박자표는 음자리표 옆에 그립니다. 위의 숫자는 한 마디 안에 몇 개의 박이 들어가는지 알려주고, 아래의 숫자는 기준이 되는 음표를 나타냅니다.

c(커먼타임): $\frac{4}{4}$를 나타내는 또 다른 기호입니다. $\frac{6}{8}$은 한 마디 안에 8분음표 6개

$\frac{4}{4}$는 한 마디 안에 4분음표 4개 $\frac{3}{4}$은 한 마디 안에 4분음표 3개

음이름

음이름은 알파벳의 첫 일곱 글자에서 가져온 것입니다. 음은 음높이에 따라 보표의 줄이나 칸 위에 그립니다.

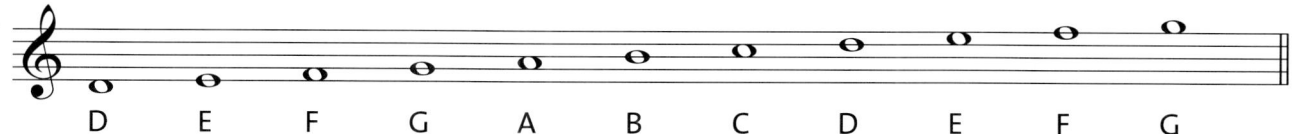

D E F G A B C D E F G

임시표

샵(올림표)이나 플랫(내림표) 같은 임시표 기호를 사용하면 음높이를 반음 내리거나 올릴 수 있습니다.

샵(♯)은 음높이를 반음 올립니다. 제자리표(♮, natural)는 원래의 음높이로 돌아가라는 기호입니다.

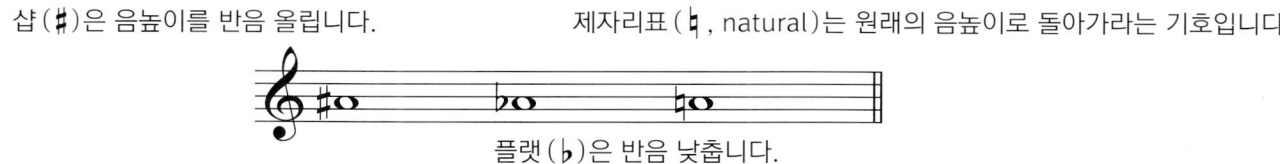

플랫(♭)은 반음 낮춥니다.

덧줄

보표 밖의 음은 덧줄을 그려 표시합니다.

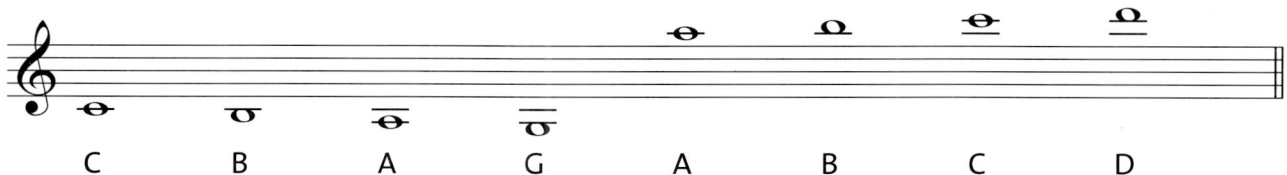

C B A G A B C D

세로줄

여러 가지 종류의 세로줄 :
겹세로줄은 음악의 한 부분이 끝났다는 표시입니다. 끝세로줄은 한 곡이 끝났다는 의미입니다.

도돌이표는 이 부분이 반복된다는 표시입니다.

연주에 앞서

클래식 기타

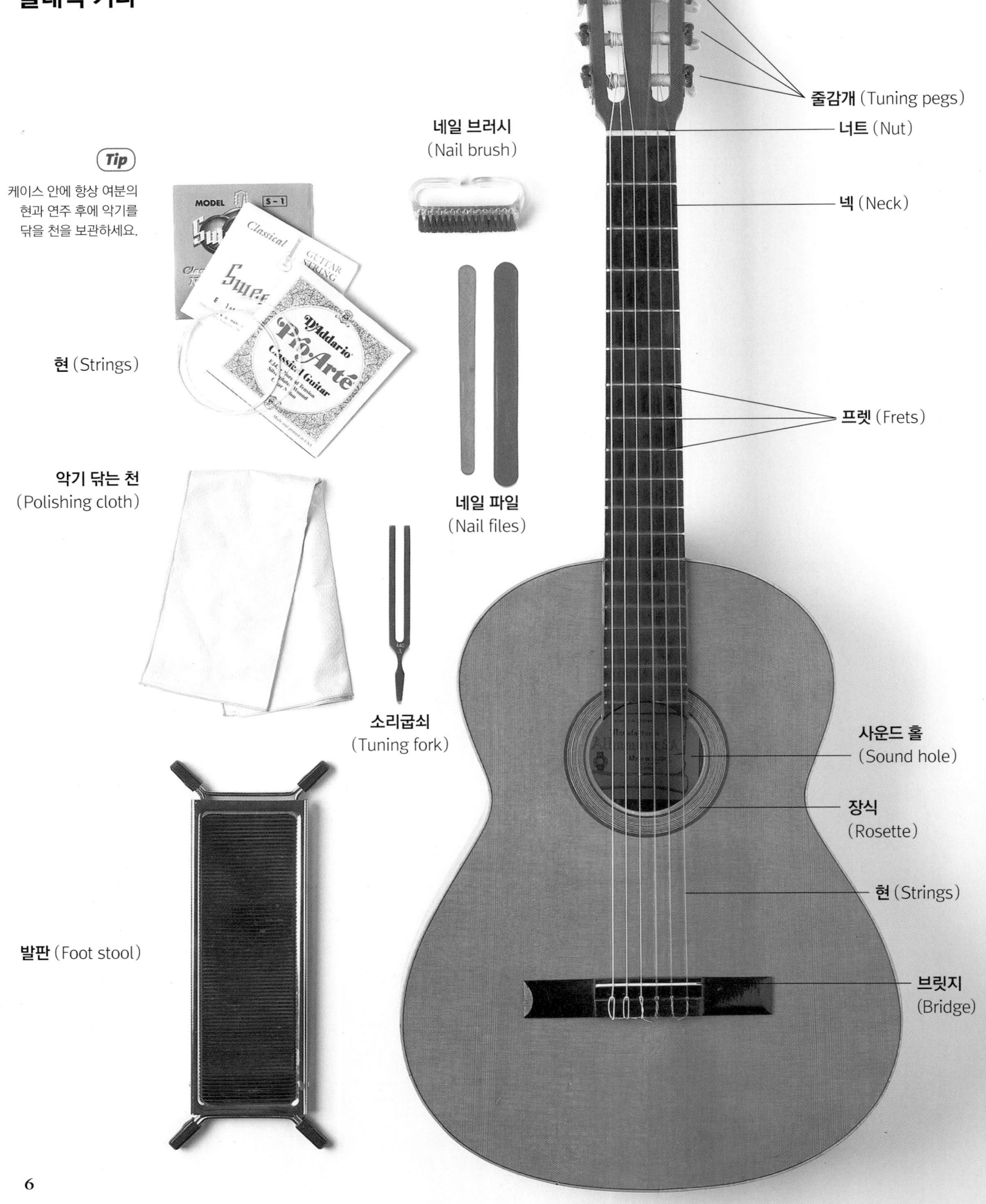

Tip

케이스 안에 항상 여분의
현과 연주 후에 악기를
닦을 천을 보관하세요.

현 (Strings)

악기 닦는 천
(Polishing cloth)

발판 (Foot stool)

네일 브러시
(Nail brush)

네일 파일
(Nail files)

소리굽쇠
(Tuning fork)

줄감개 (Tuning pegs)

너트 (Nut)

넥 (Neck)

프렛 (Frets)

사운드 홀
(Sound hole)

장식
(Rosette)

현 (Strings)

브릿지
(Bridge)

6

기타 잡는 자세

기타를 잡을 때는 무리한 힘이 들어가지 않고 자유롭게 양손을
움직일 수 있어야 합니다.

오른손은 여섯 줄 모두 퉁길 수 있어야 하고 사운드홀에서
브릿지까지 움직일 수 있어야 합니다.
왼손은 편안하게 모든 프렛에 닿을 수 있어야 합니다.

설명을 잘 읽고 자신의 몸에 맞는 자세를 찾아보세요.

식탁 의자나 피아노 의자에 편안하게
앉으세요. 몸이 뒤로 너무 많이 기울어
지지 않는 의자가 좋습니다.

의자에 등을 기대지 말고
앞쪽으로 당겨 앉으세요.
이렇게 앉으면 몸을 약간
앞으로 기울이게 되는데,
이 자세는 기타를 잡는 데
도움이 됩니다.

기타를 다리로 받쳐야 하기 때문에
발판이 필요합니다. 발판 위에 왼발을 올려놓으세요.

그림과 같이 기타를 왼쪽 다리 위에 올립니다.

7

오른손 자세

1. 우선 오른손을 앞으로 뻗어보세요.

2. 그런 다음 팔을 구부리고, 그림과 같이 오른손이 아래로 향하도록 팔뚝을 떨어뜨려 보세요.

3. 그 상태로 오른팔을 기타의 몸통 위에 놓습니다.
오른손은 계속 힘을 풀고 아래로 떨어뜨린 상태를 유지합니다.

4. 엄지는 저음현을 (레슨 1), 나머지 세 손가락은 고음현을 (레슨 2) 편안하게 연주할 수 있어야 합니다.
새끼손가락은 사용하지 않습니다.

손가락 관절과 현의 방향이 일치되어야 합니다.
손목은 기타 위로 아치를 만들어 띄웁니다.

손목이 꺼지면 손가락의 움직임을 방해하게 됩니다.
현을 옮길 때는 손목이 아닌 팔꿈치로 조절합니다.

오른손 손가락은 스페인어 약자인
p, i, m, a로 표시합니다.

엄지: p (pulgar)

검지: i (indice)

중지: m (medio)

약지: a (anular)

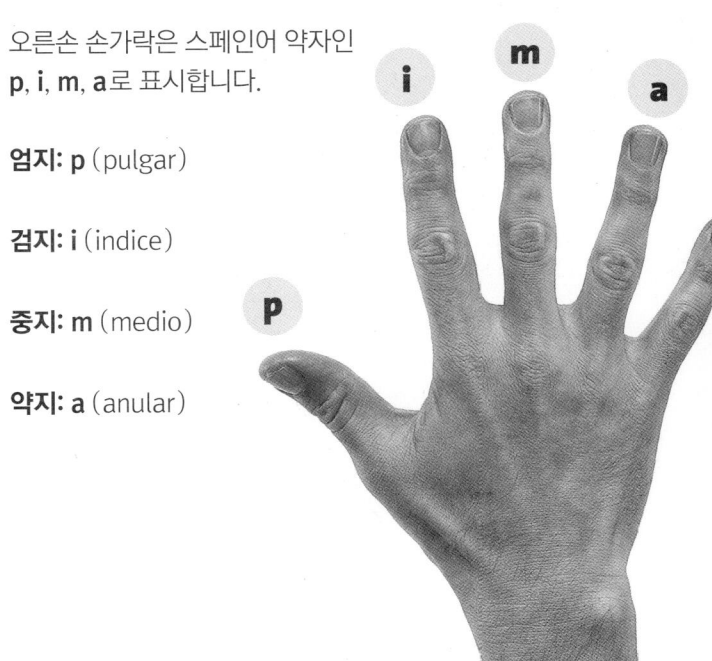

왼손 자세

1. 넥의 윗부분을 손으로 감싼 뒤에 팔 전체의 무게가 손을 아래로 잡아끈다는 느낌으로 힘을 뺍니다.

2. 팔의 무게를 느끼며 천천히 손가락을 현 위에 올려보세요. 팔은 몸 쪽으로 붙이고, 팔꿈치도 몸을 향해야 합니다.

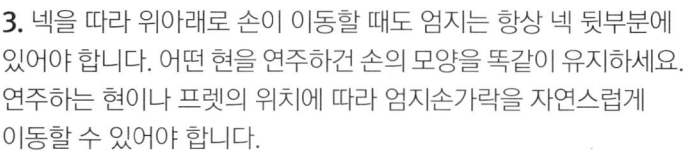
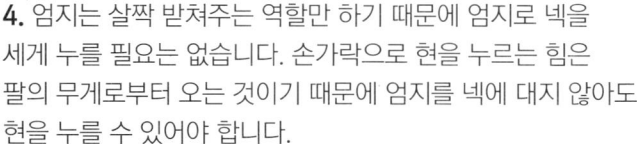

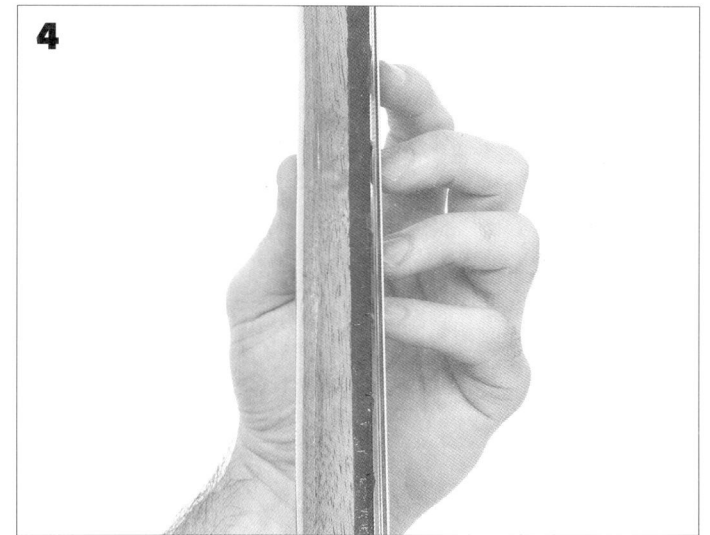

3. 넥을 따라 위아래로 손이 이동할 때도 엄지는 항상 넥 뒷부분에 있어야 합니다. 어떤 현을 연주하건 손의 모양을 똑같이 유지하세요. 연주하는 현이나 프렛의 위치에 따라 엄지손가락을 자연스럽게 이동할 수 있어야 합니다.

4. 엄지는 살짝 받쳐주는 역할만 하기 때문에 엄지로 넥을 세게 누를 필요는 없습니다. 손가락으로 현을 누르는 힘은 팔의 무게로부터 오는 것이기 때문에 엄지를 넥에 대지 않아도 현을 누를 수 있어야 합니다.

왼손의 엄지를 제외한 네 손가락은 1~4의 숫자로 표시합니다.

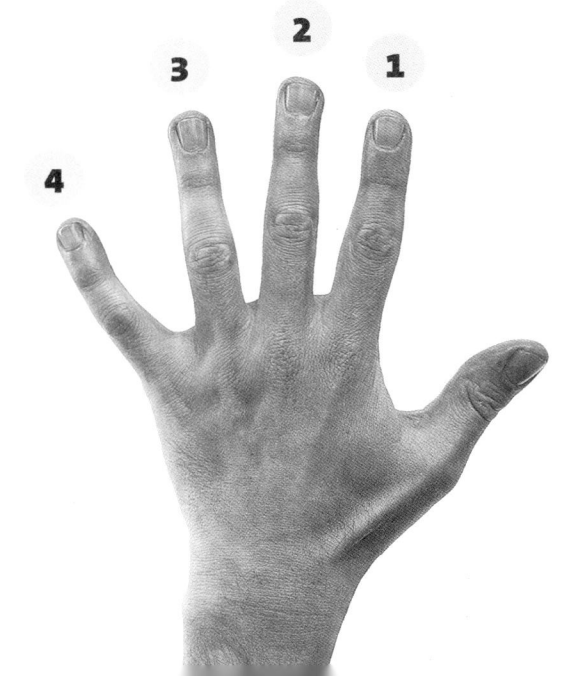

1. 3개의 저음현
2. 2분음표와 4분음표

3. 엄지(p) 연습
4. 도돌이표: 첫 번째 마침과 두 번째 마침

3개의 저음현

저음현은 위쪽에 있는 세 개의 현을 말합니다. 세 현의 이름은 E현, A현, D현입니다.
각 현에는 번호가 붙어 있습니다.

E = 6번   **A** = 5번   **D** = 4번

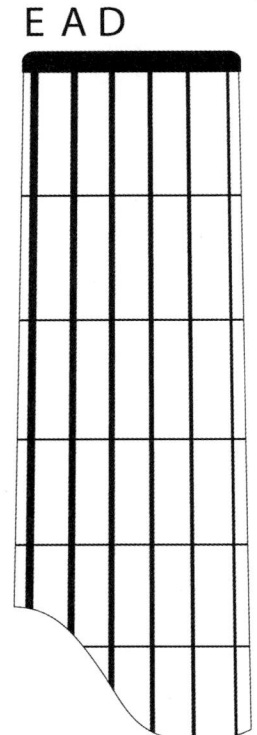

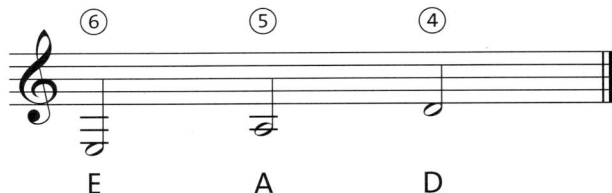

저음현은 주로 엄지(p)로 연주합니다. 크고 또렷한 소리를 내기 위해서는 앞에서 배운 오른손 자세를 지키는 것이 중요합니다. (8쪽 참고)

나머지 세 손가락은 고음현(아래쪽 세 현) 위에 살짝 대고, 엄지로 E현을 퉁겨보세요. 현을 퉁길 때는 현을 들어 올리는 것이 아니라 사운드 홀을 향해 '민다'고 생각하세요. 현을 퉁긴 다음에 엄지가 그 아래에 있는 현에 닿아도 괜찮습니다.
A현과 D현도 연습해보세요.

2분음표와 4분음표

2분음표(♩)는 2박자, 4분음표(♩)는 1박자입니다.

연습 1.

천천히 박을 세며 엄지로 저음현을 연주해보세요. 악보 위의 숫자는 현의 번호입니다.

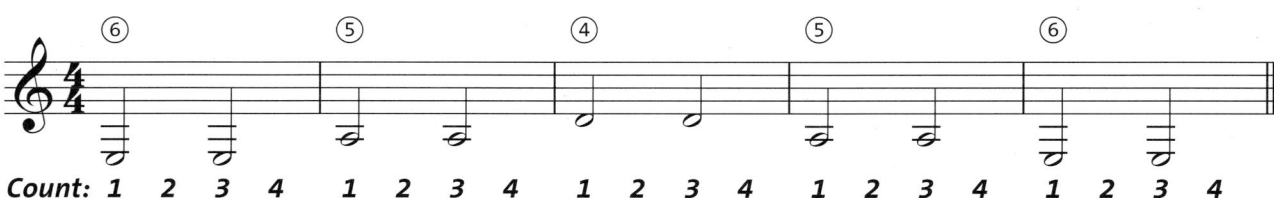

Count: 1   2   3   4   1   2   3   4   1   2   3   4   1   2   3   4   1   2   3   4

연습 2.

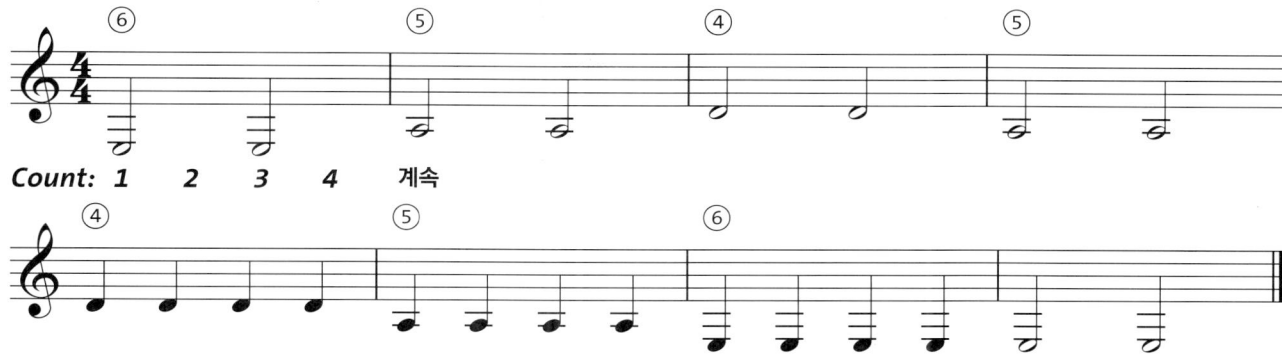

Count: 1　2　3　4　계속

연습 3.

레슨 1을 위한 연주곡

Robin In The Garden (뜰 안에 들어온 지빠귀)

Michael McCartney

⑧

Student

Count: 1　2　3　4　1　2　3　4　계속

Teacher

레슨 1을 위한 연주곡

Twinkle Twinkle Little Star (작은 별)

외국 민요

Open String Blues (*개방현 블루스)

Michael McCartney

마디 12를 보세요. 점이 두 개 있는 세로줄은 도돌이표입니다. 도돌이표까지 연주하고 처음으로 돌아가서 반복하세요.
반복할 때는 첫 번째 마침(1번)은 생략하고 두 번째 마침(2번)을 연주하세요.

* 개방현: 손가락으로 지판을 누르지 않은 상태의 현

goals:

1. 3개의 고음현
2. 검지(i)와 중지(m) 연습
3. 박자표
4. 온음표

3개의 고음현

고음현은 아래쪽에 있는 세 개의 현을 말합니다. 세 현의 이름은 G현, B현, E현입니다.
고음현의 번호는 다음과 같습니다.

G = 3번 　　　**B** = 2번 　　　**E** = 1번

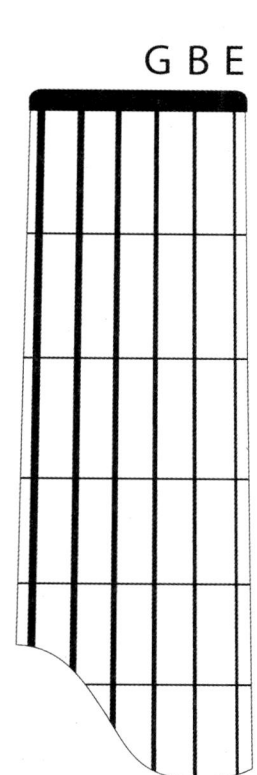

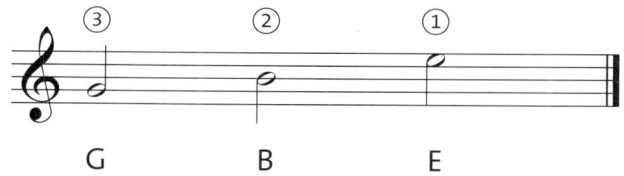

G B E

고음현은 오른손 검지(i), 중지(m), 약지(a)로 연주합니다. 엄지를 6번 현 위에 놓고
그림과 같이 세 손가락을 각각 G, B, E현 위에 놓으세요.
현을 들어 올리는 것이 아니라 민다는 느낌으로 3번 현을 검지로 퉁겨보세요.
퉁길 때는 손가락 끝만 쓰지 말고 큰 관절을 써서 연주해야 합니다.

연습 1.

이제, B현과 E현도 함께 연습해보세요.

Count: **1 2 3 4**　**1 2 3 4** 계속　　　　　　　　　　　**1 2 3 4**

연습 2.

이번에는 **i**와 **m** 손가락을 번갈아 연습해보세요.

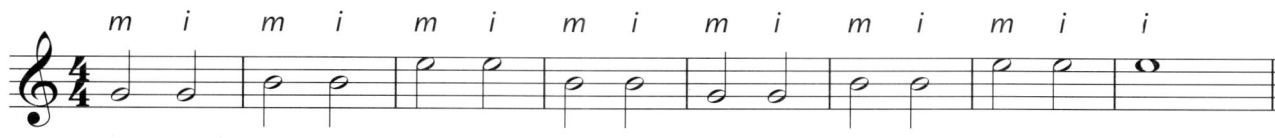

Tip

마지막 마디의 음표는
온음표(4박)입니다.

다른 줄을 같이 퉁기게
되더라도 너무 걱정하지
마세요. 손가락 마디를
올바르게 사용하고 있다는
뜻입니다.
처음에는 한 번에
한 현을 연주하기
어렵지만 머지않아
정확하게 연주할 수
있게 될 것입니다.

13

연습 3.

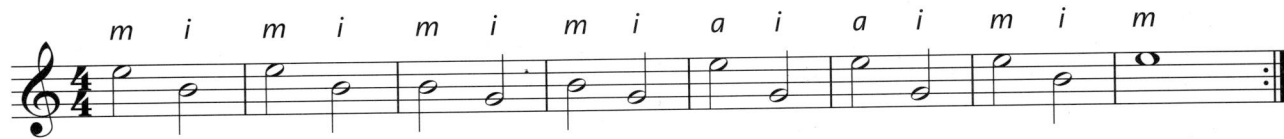

박자표

악보 첫머리의 숫자는 박자표입니다.

박자표는 한 마디에 몇 박이 들어가는지 알려줍니다.

지금까지는 모두 $\frac{4}{4}$ 박자 곡이었습니다 (한 마디에 4박).

아래 연습곡은 $\frac{3}{4}$ 박자 곡입니다 (한 마디에 3박).

마지막 마디의 음표는 점2분음표입니다. 3박으로 연주하세요.

Tip

새로운 박자에 익숙해질 때까지 큰 소리로 박을 세며 연습하세요.

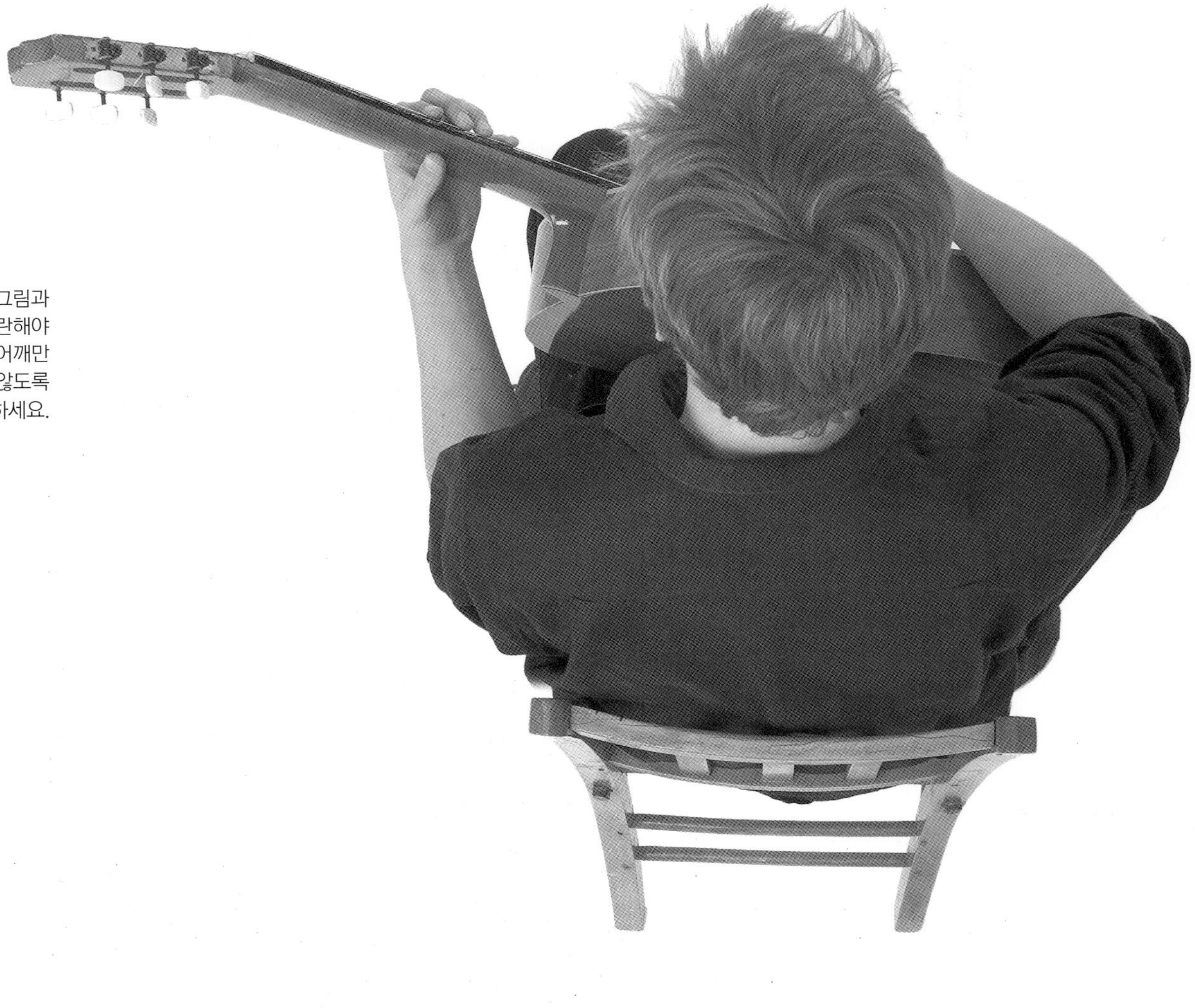

연주할 때는 그림과 같이 어깨가 나란해야 합니다. 한쪽 어깨만 앞으로 기울어지지 않도록 조심하며 연습하세요.

레슨 2를 위한 연주곡

Mr. Harrison, His Pavane (해리슨, 그의 파반느)

Michael McCartney

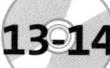

13-14

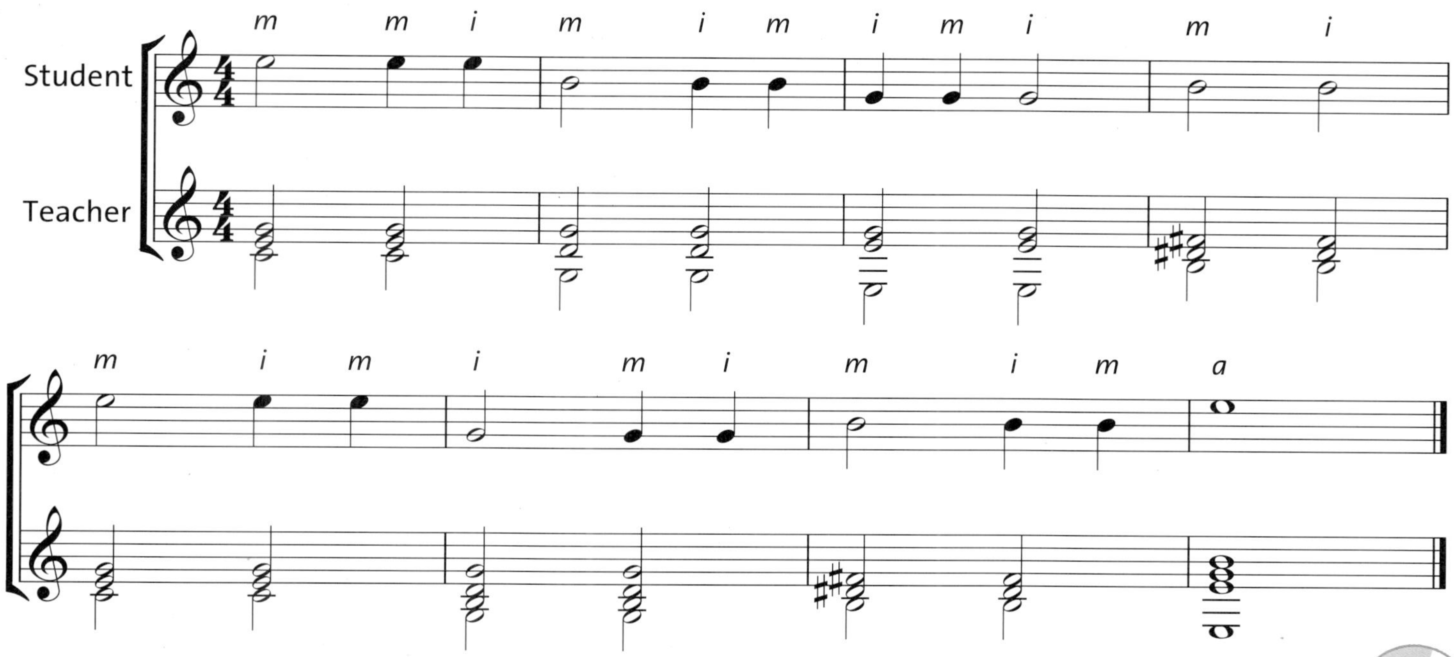

Open String Waltz (개방현 왈츠)

Michael McCartney

15

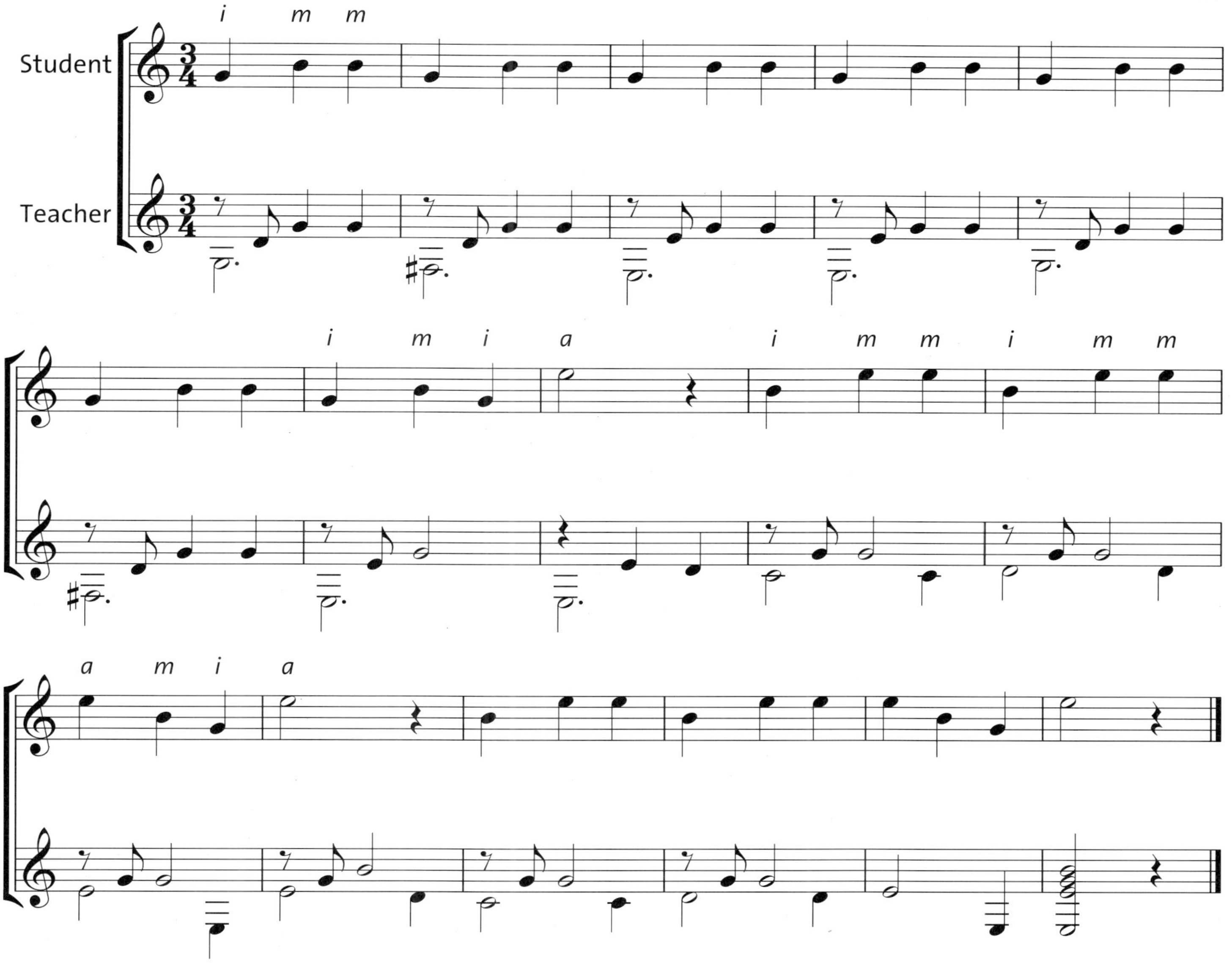

Lesson 3

goals:

1. 개방현 연습
2. 4분쉼표
3. 듀엣 연주하기

오른손 p와 i, m, a 손가락 함께 사용하기

기타의 매력은 선율과 반주를 동시에 연주할 수 있다는 것입니다. 선율과 반주를 동시에 연주하기 위해서는 엄지와
세 손가락을 조화롭게 사용할 수 있어야 합니다. 레슨 1과 2에서 배운 대로 아래 연습곡들을 연주해보세요.

(Tip)

연주하는 동안 오른손은
이리저리 흔들리지 않고
안정적인 자세를 유지해야
합니다.

엄지를 구부리면 다른
손가락에 부딪힐 수
있습니다. 줄을 퉁긴
다음에 세 손가락은
안쪽으로 구부리고
엄지는 바깥쪽으로 향하게
하면 서로 엇갈리기
때문에 부딪히지 않을
것입니다.

연습 1.

연습 2.

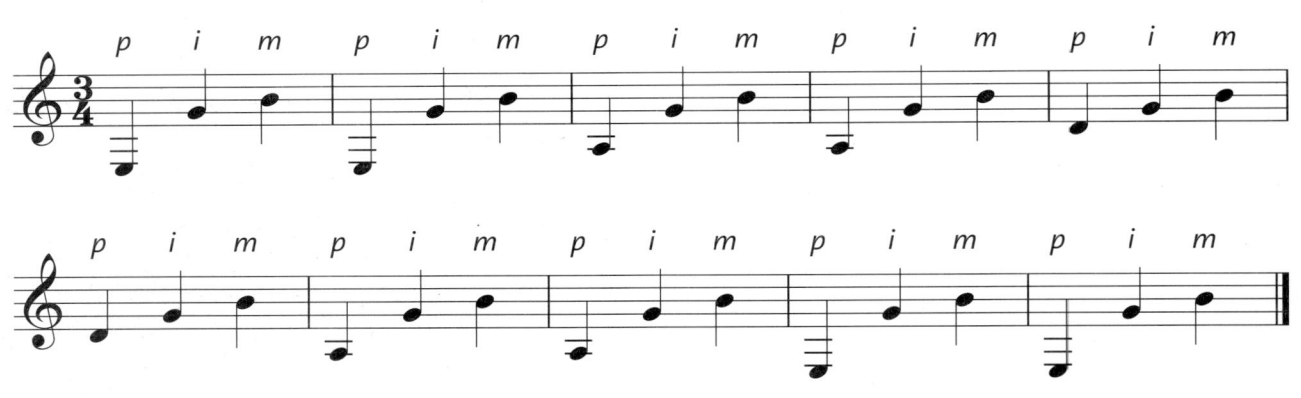

연습 3.

4분쉼표

마지막 연주곡에 나오는 𝄽 는 4분쉼표입니다. 1박 동안 쉽니다.

레슨 3을 위한 연주곡

Boating Song (뱃노래)

Michael McCartney

16·17

The Old Russian Guitar (낡은 러시아 기타)

Michael McCartney

18·19

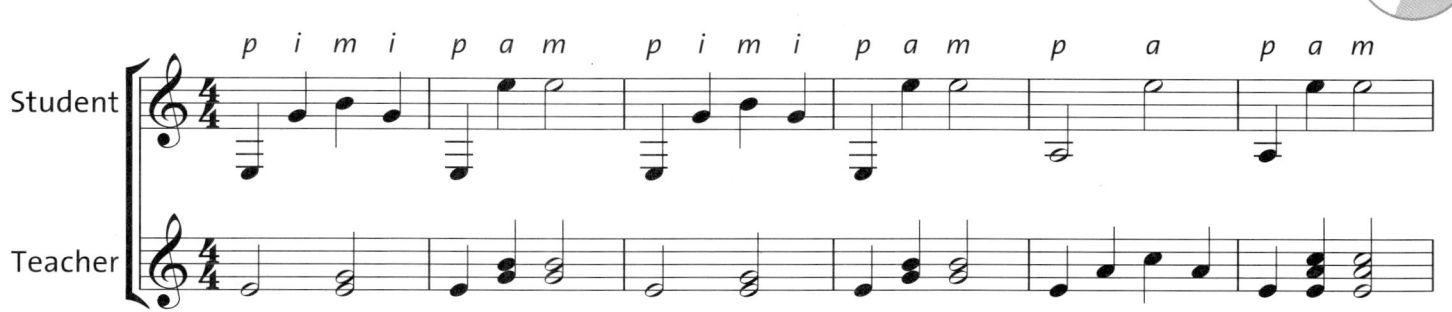

Wait For Me (나를 기다려줘)

Michael McCartney

20

1, 2, 3, 4로 예비박을 세고, 연주하는 동안에도 계속 박을 세며 일정하게 연주하세요 (2박과 3박에만 연주합니다).
교사 반주 (아랫단)를 잘 들으며 연주하세요. 아랫단과 번갈아 소리 나면 바르게 연주한 것입니다.

goals:

1. E현(1번 현)의 E음, F음, F♯음, G음
2. 샵
3. 8분음표와 8분쉼표

E현(1번 현)의 음들

Tip

음표 옆의 숫자는
프렛 번호입니다.
0은 개방현으로
연주하라는
뜻입니다.

G음을 4번 손가락으로
연주하면 왼손 자세를
유지하기가 쉽습니다.
동시에 두 음 이상 연주할
때는 G음을 4번으로
하는 경우가 많으니
잘 기억해두세요.

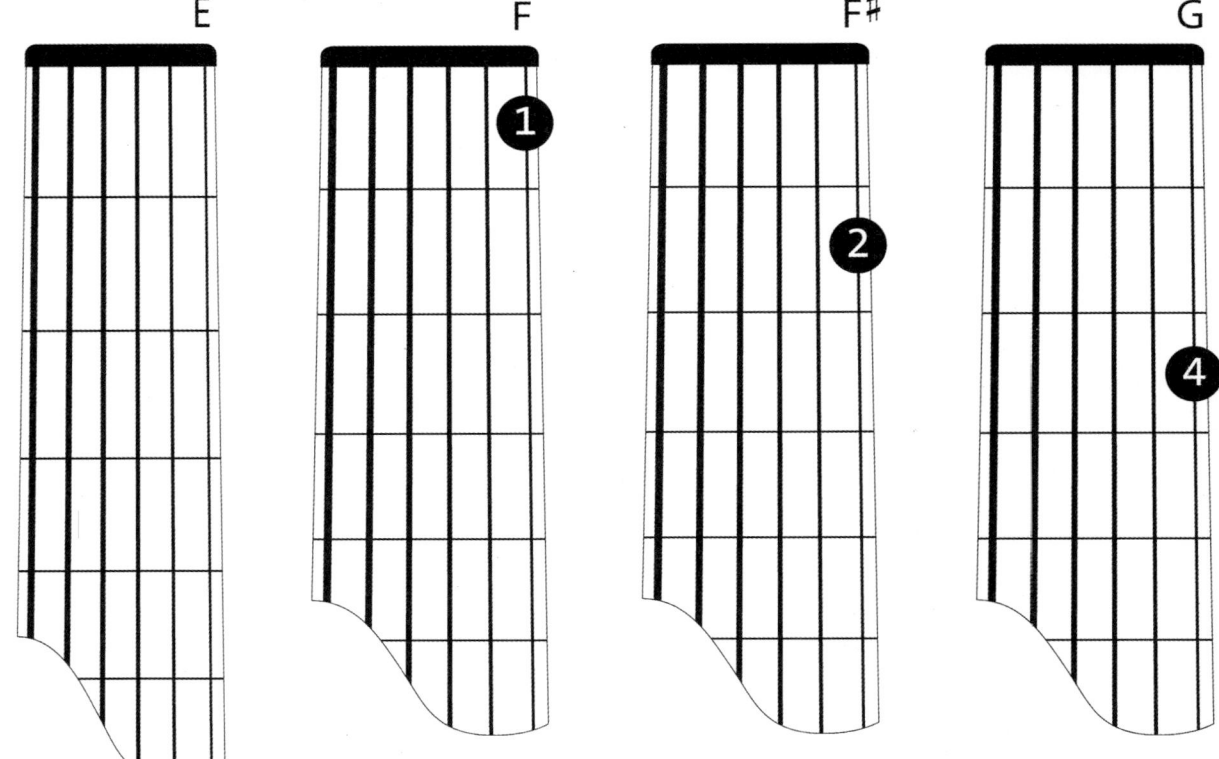

9쪽에서 배운 왼손 자세를 기억하며 손끝으로 현을 눌러보세요.
최대한 프렛 가까이 누르세요.
현을 누르지 않을 때는 편안하게 손가락에서 힘을 뺍니다. 손가락을 위로 들 필요는 없습니다.
엄지는 대략 검지 뒤편에 있어야 하며, 넥을 세게 누르지 않아도 됩니다.

샵 (Sharps)

두 번째 프렛, F음과 G음 사이의 음은 F♯(F샵)음입니다. ♯은 음을 반음 올리라는 기호입니다.
기타에서는 한 프렛 옆으로 가면 음을 반음 올리거나 내릴 수 있습니다.
F♯음은 2번 손가락으로 누르세요.

연습 1.

연습 1, 2에는 E, F, G음만 나옵니다. 소리를 잘 들으면서 물 흐르듯 부드럽게 연주해보세요.

Tip

익숙해지면 다른
손가락으로 연습해도
좋습니다. **m**과 **a**, **i**와 **a**
로도 연습해보세요.

연습 2.

연습 3.

이제 F♯음(2번 손가락)도 같이 연습해보세요.

연습 4.

연습 2와 거의 똑같지만 모든 F음이 F♯음으로 바뀌었습니다.

8분음표와 8분쉼표

8분음표와 8분쉼표 (반 박) 2개씩 묶은 8분음표 (1쌍이 1박) 4개씩 묶은 8분음표 (2박)

8분음표를 연습해보세요.

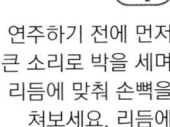

Tip

연주하기 전에 먼저 큰 소리로 박을 세며 리듬에 맞춰 손뼉을 쳐보세요. 리듬에 익숙해지면 큰 소리로 박을 세며 연주해보세요.

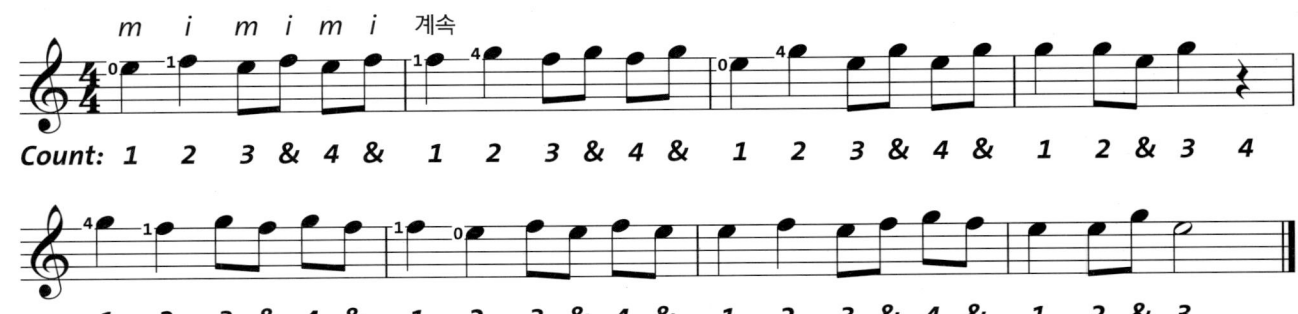

레슨 4를 위한 연주곡

Appalachian Morning (애팔래치아의 아침)

Michael McCartney

Stiff Upper Lip (불굴의 정신)

Michael McCartney

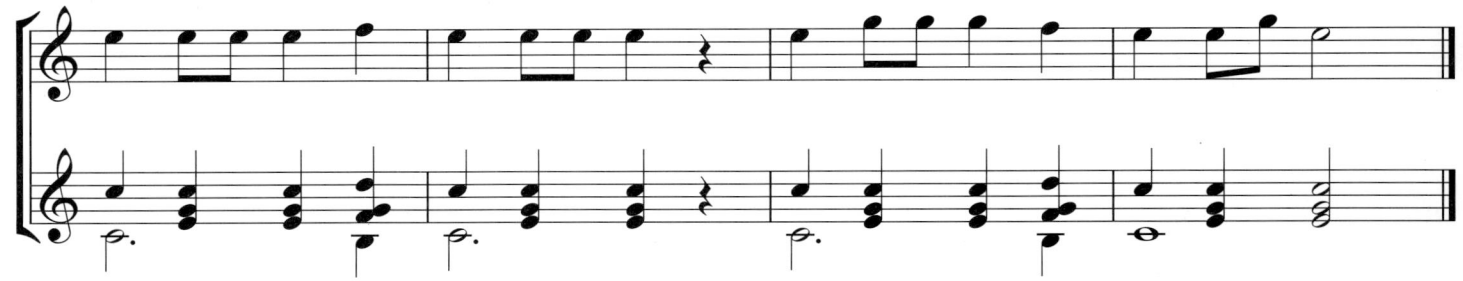

레슨 4를 위한 연주곡

Weston's Waltz (웨스턴의 왈츠)

Michael McCartney

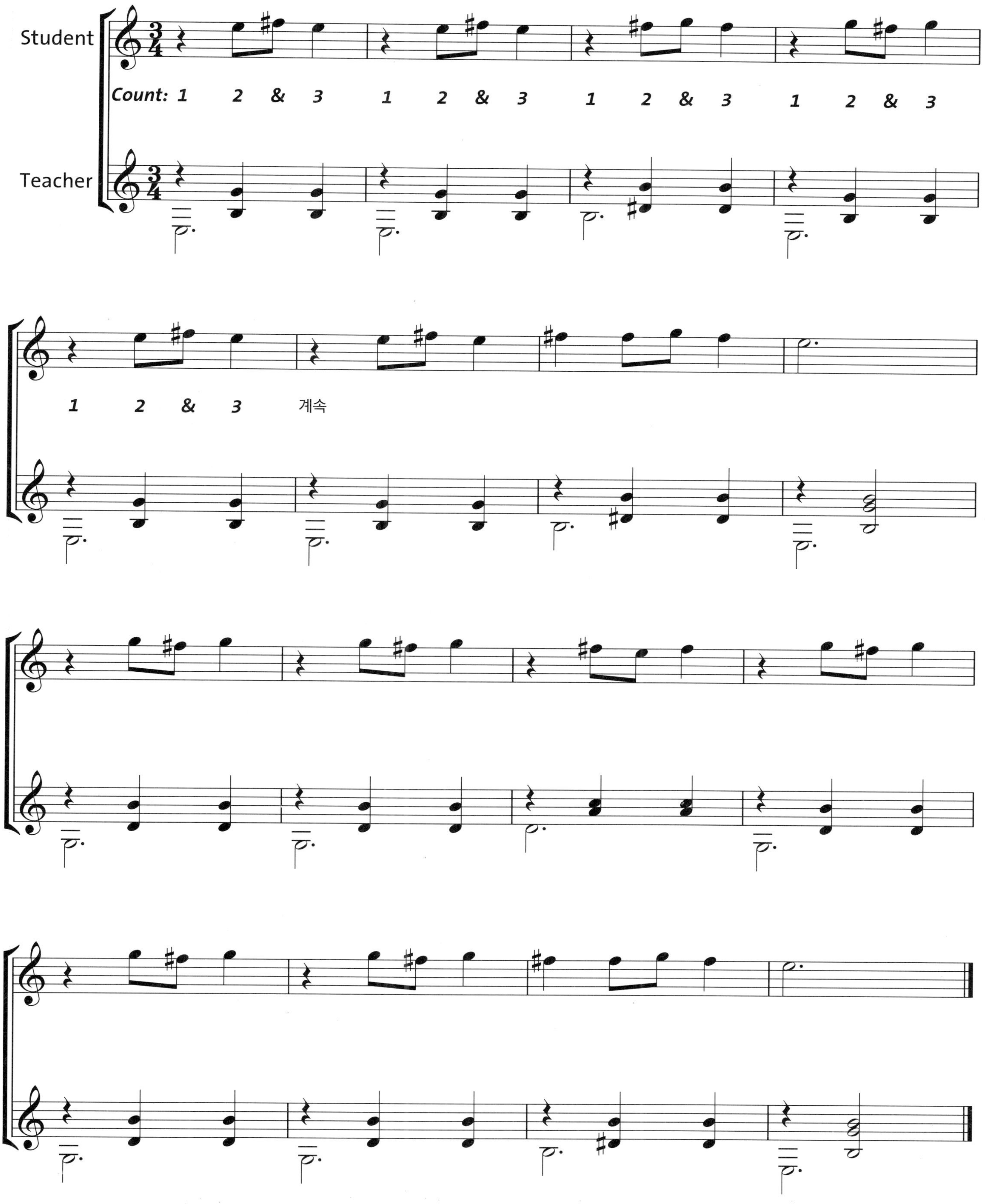

goals:

1. B현(2번 현)의 B음, C음, C♯음, D음
2. 1번 현과 2번 현 연습
3. 커먼타임（ℂ）

B현(2번 현)의 음들

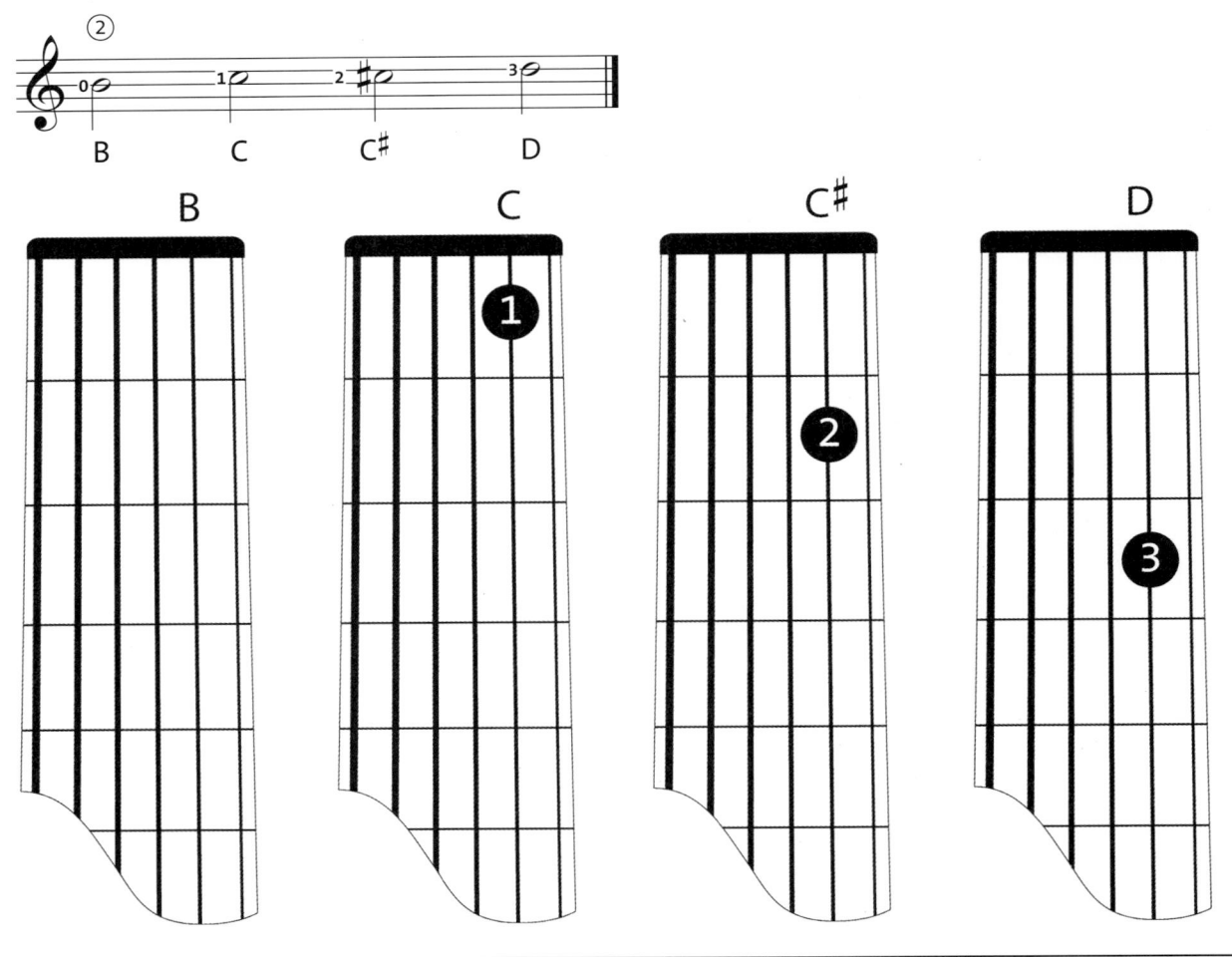

Tip

연습 1에는
B, C, D음만 나옵니다.
소리를 잘 들으며
부드럽게 연습해보세요.

연습 1.

연습 2.

연습 3.

C#음을 연습해보세요 (2번 손가락).

연습 4.

연습 5.

1번과 2번 현을 함께 연습해보세요. 악보 아래의 숫자는 현의 번호입니다.

Tip

익숙해지면 숫자를 가리고
연주해보세요.

레슨 5를 위한 연주곡

 *Merrily We Roll Along* (비행기)

외국 민요

 26-27

레슨 5를 위한 연주곡

28 *Au Clair de la Lune* (달빛 아래에서) 외국 민요

악보의 **C** 기호는 커먼타임 (common time) 기호입니다. 커먼타임은 $\frac{4}{4}$ 박자와 같습니다.

29 *Lightly Row* (나비야) 외국 민요

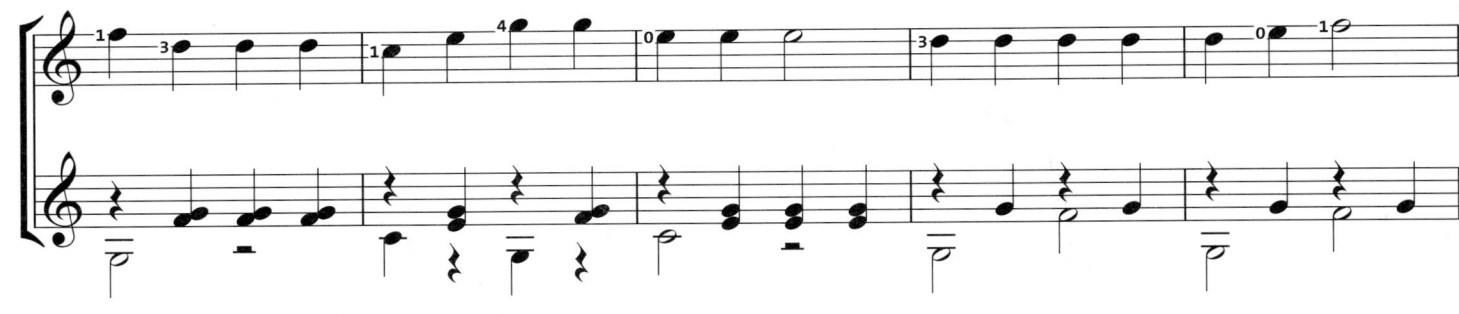

1. 음의 길이

악보 위에 각 음표가 몇 박인지 쓰고 아래에는 '1 2 3 4'로 박을 세어 보세요.

count:

(10)

2. 음이름

악보 아래에 음이름을 쓰세요.

(12)

3. 손가락 이름

다음 알파벳이 무슨 손가락을 의미하는지 쓰세요.

i   **p**   **a**   **m**

_____   _____   _____   _____

(8)

4. 기타의 구조

아래 설명을 읽고 알맞은 이름을 쓰세요.

• 악기 몸체 앞의 동그란 구멍 _____

• 지판이 부착된 긴 부분 _____

• 현의 음정을 조절하는 손잡이 _____

• 지판을 나누는 철선 _____

(10)

5. 세로줄

박자표를 보고 알맞은 위치에 세로줄을 그려보세요.

(10)

Total (50)

25

Lesson 6

goals:

1. G현 (3번 현)의 G음, G#음, A음
2. 1, 2, 3번 현 연습
3. 2분쉼표
4. 제자리표 (내추럴)
5. 온음과 반음

G현 (3번 현)의 음들

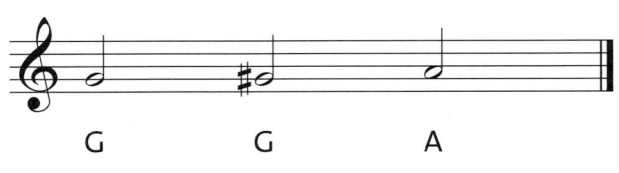

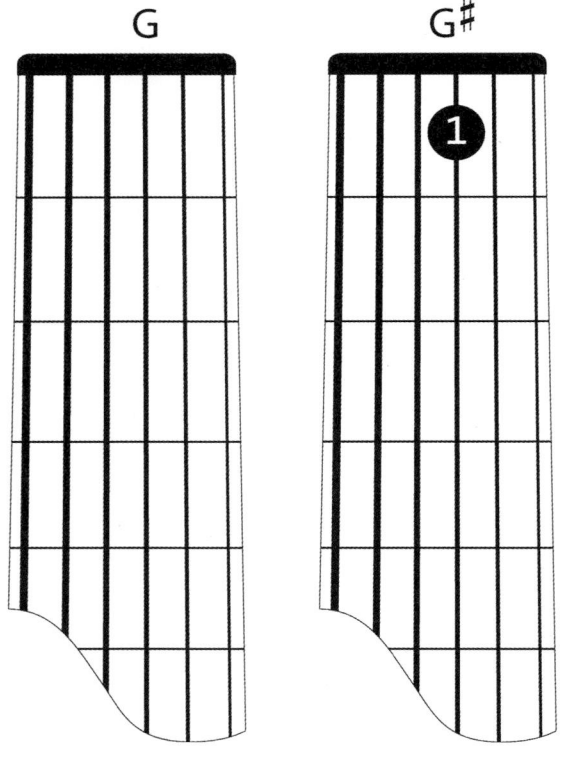

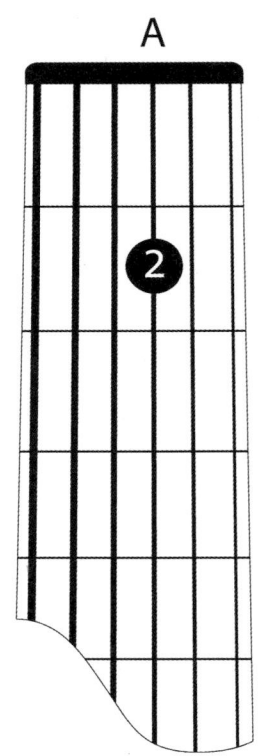

연습 1은 A음과 G음 연습입니다.

마디 4와 마디 8의 쉼표는 2분쉼표입니다 (2박).

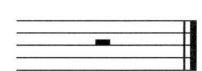

연습 1.

G와 A 사이의 음은 G#음입니다. G#음은 1프렛에서 1번 손가락으로 누릅니다.
#이 없는 음은 내추럴 또는 제자리 음이라고 부르며, 제자리표 (♮)로 표시합니다. 연습 2는 G# 음과 G♮ 음 연습입니다.
어떤 음에 #이 한 번 붙으면 그 마디 끝까지 #으로 연주합니다. 하지만 그 음에 ♮가 나오면, #이 취소되고 원래 음으로 연주합니다.

Tip

다음 마디로 넘어갔기 때문에 이제 G#음을 원래의 G음으로 연주해야 한다는 것을 알려주기 위해 제자리표를 사용했습니다. ♮가 없어도 마디가 바뀌면 원래의 음으로 연주하세요.

연습 2.

음정 : 온음과 반음

두 음 사이의 거리를 음정이라고 부릅니다. 가장 가까운 음정은 반음입니다. 기타에서는 바로 옆 프렛과의 거리가 반음입니다.
다음은 지금까지 배운 반음들입니다.

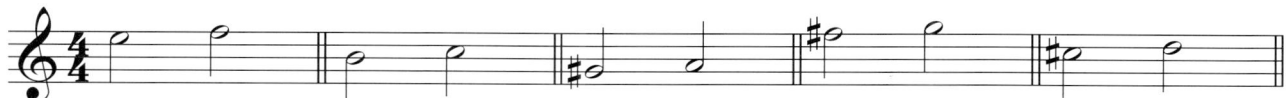

반음이 두 개 모이면 온음이 됩니다. 온음은 프렛 두 개의 거리입니다.
다음 악보는 지금까지 배운 온음들입니다.

앞에서 배운 악보에서 온음과 반음을 찾아보세요.
레슨 7에서는 온음과 반음을 이용하여 음계를 연주하는 법을 배우게 될 것입니다.

레슨 6을 위한 연주곡

London Bridge Is Falling Down (런던 다리)

이제 3개의 고음현을 모두 사용하며 연주해보세요.

외국 민요

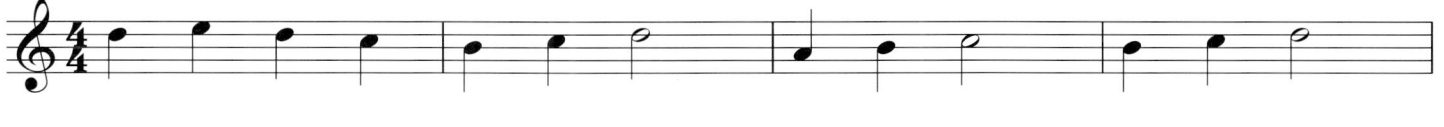

Go From My Window (그대여 떠나가오)

외국 민요

goals:

1. G장조 음계(1옥타브)
2. 조표

3. 셈여림표: p, f, cresc.
4. 선율과 반주 함께 연주하기

장음계 (major scale)

반음과 온음을 아래와 같은 패턴으로 배열하면 장조의 음계(장음계)가 됩니다. 장음계에서는 3음과 4음, 7음과 8음 사이가 반음이고 나머지 음들 사이의 거리는 온음입니다.

온음	온음	**반음**	온음	온음	온음	**반음**
1	2	3	4	5	6	7	8

(Tip)

G장조 음계에서 낮은 G음과 높은 G음의 거리가 옥타브(octave)입니다. 옥타브에 대해서는 레슨 11에서 더 배우게 될 것입니다.

G장조 음계

G장조 음계 (상행)

온   온   **반**   온   온   온   **반**

G장조 음계 (하행)

머뭇거리지 않고 부드럽게 연주할 수 있나요?

G장조 음계 (상행과 하행)

고르게 연주할 수 있도록 연습하세요.

조표

G장조 악보에서는 F음을 항상 F♯음으로 연주합니다. 이렇게 모든 F음에 ♯을 붙여야 할 때에는 ♯을 음자리표 다음에 그립니다. 이것을 조표라고 합니다.

조표

셈여림표 (Dynamics)

악보에서 얼마나 세게 또는 여리게 연주할 지를 표시할 때에는 이탈리아어를 사용합니다.
이런 용어나 기호를 셈여림표라고 합니다.

f = 포르테(Forte), 세게 p = 피아노(Piano), 여리게
cresc. = 크레셴도(crescendo), 점점 세게

레슨 7을 위한 연주곡

레슨 7의 모든 연주곡은 G장조입니다. 이 곡들에는 G 장음계의 일부가 들어 있습니다.
연주하면서 G장조 음계를 찾아보세요!

The Harvesters (추수하는 사람들)

François Couperin

La Volta (*볼타)

Michael Praetorius

이번에는 악보 앞에도 도돌이표가 있습니다. 8마디를 연주한 다음 처음으로 돌아가서 반복하고, 마디 16까지 연주한 뒤에는
마디 9로 돌아가서 반복합니다.

* 볼타: 16 – 17세기 궁정춤곡

Romance (로망스)

Joseph Küffner

낮은 D음은 4번 현(D현)을 *개방음으로 연주하세요.

* 개방음 : 개방현으로 연주하는 음

레슨 7을 위한 연주곡

39

Rhys' Fantasy (라이의 환상곡)

Michael McCartney

이 곡은 선율과 반주가 섞여있는 곡입니다. 엄지로 연주하는 음이 반주이고 세 손가락으로 연주하는 음이 선율입니다.

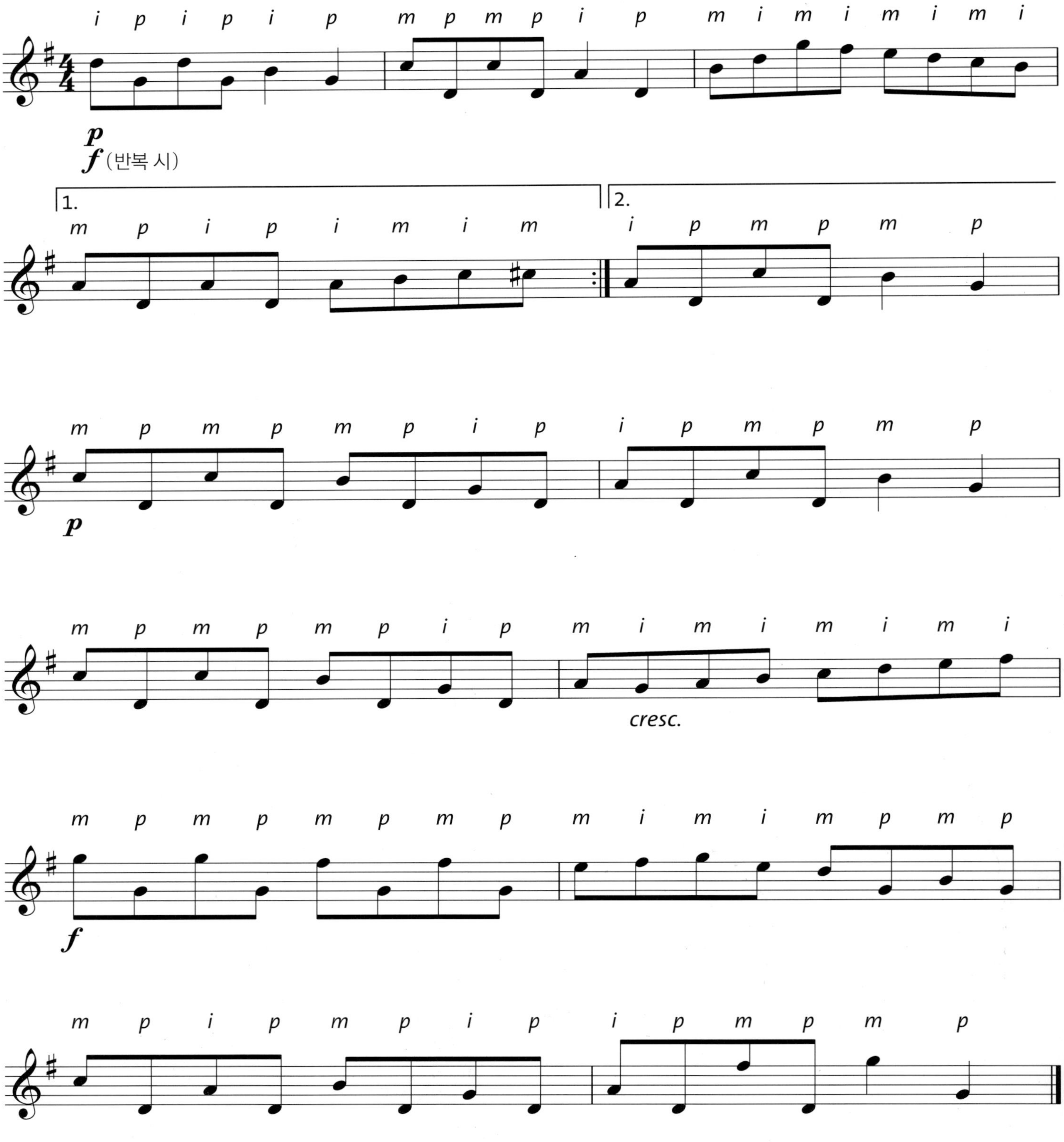

goals:

1. D현 (4번 현)의 D음, D♯음, E음, F음, F♯음
2. D장조 음계
3. 못갖춘마디
4. 붙임줄

D현(4번 현)의 음들

D: 개방현   D♯: 1프렛, 1번 손가락
E: 2프렛, 2번 손가락
F: 3프렛, 3번 손가락   F♯: 4프렛, 4번 손가락

엄지(p)로 연주하세요.

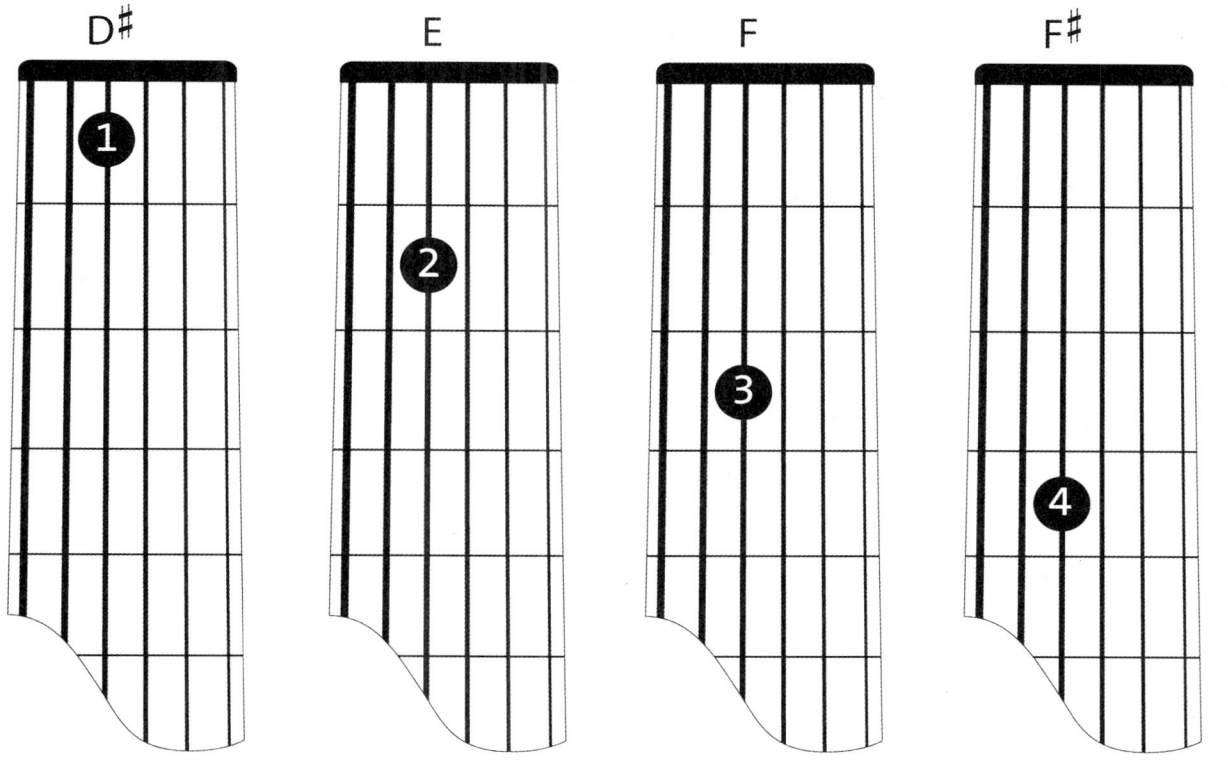

D장조 음계

이제 D장조 음계의 모든 음을 연주할 수 있습니다.
D장조에서는 모든 F음을 F♯으로, C음을 C♯으로 연주합니다 (조표를 확인하세요).

G장조 음계처럼 상행과 하행을 따로 연습한 다음에 둘을 연결해서 연주해도 좋습니다.

못갖춘마디

아래 악보는 선율이 네 번째 박에서 시작합니다. 이런 경우에는 연습 1의 《즐거운 농부》처럼 앞의 3박은 생략하고 1박 길이의 짧은 마디만 그립니다 (못갖춘마디). 곡의 시작 부분에 이렇게 짧은 마디가 나오면 곡 끝에도 불완전한 마디가 나옵니다.
이 두 마디를 합하면 완전한 한 마디가 됩니다.

연습 1. Happy Farmer (즐거운 농부)

Robert Schumann

Tip

큰 소리로
(익숙해지면 마음속으로)
예비박 1, 2, 3을 세면,
완전한 마디의
첫 박(강박)이 어디에
오는지 알 수 있습니다.

붙임줄

같은 음높이의 두 음표를 줄로 연결하면 두 음의 길이를 합한 만큼 길어집니다.
이렇게 두 음표를 연결한 곡선이 붙임줄입니다.
붙임줄이 나오면 첫 음만 퉁기고 두 음을 합한 길이만큼 기다리세요. 두 번째 음은 퉁기지 않습니다.

연습 2. Scarborough Fair (스카보로 페어)

외국 민요

레슨 8을 위한 연주곡

Lullaby (자장가)

Johannes Brahms

Amazing Grace (어메이징 그레이스)

외국 민요

Botany Bay (보터니 만)

호주 민요

Ecossaise (* 에코세즈)

Joseph Küffner

* 에코세즈 : 스코틀랜드 춤곡

goals:

1. A현 (5번 현)의 A음, A♯음, B음, C음, C♯음
2. C장조 음계
3. 엄지와 함께 연주하는 2음 코드

A현 (5번 현)의 음들

A: 개방현　A♯: 1프렛

B: 2프렛

C: 3프렛　C♯: 4프렛

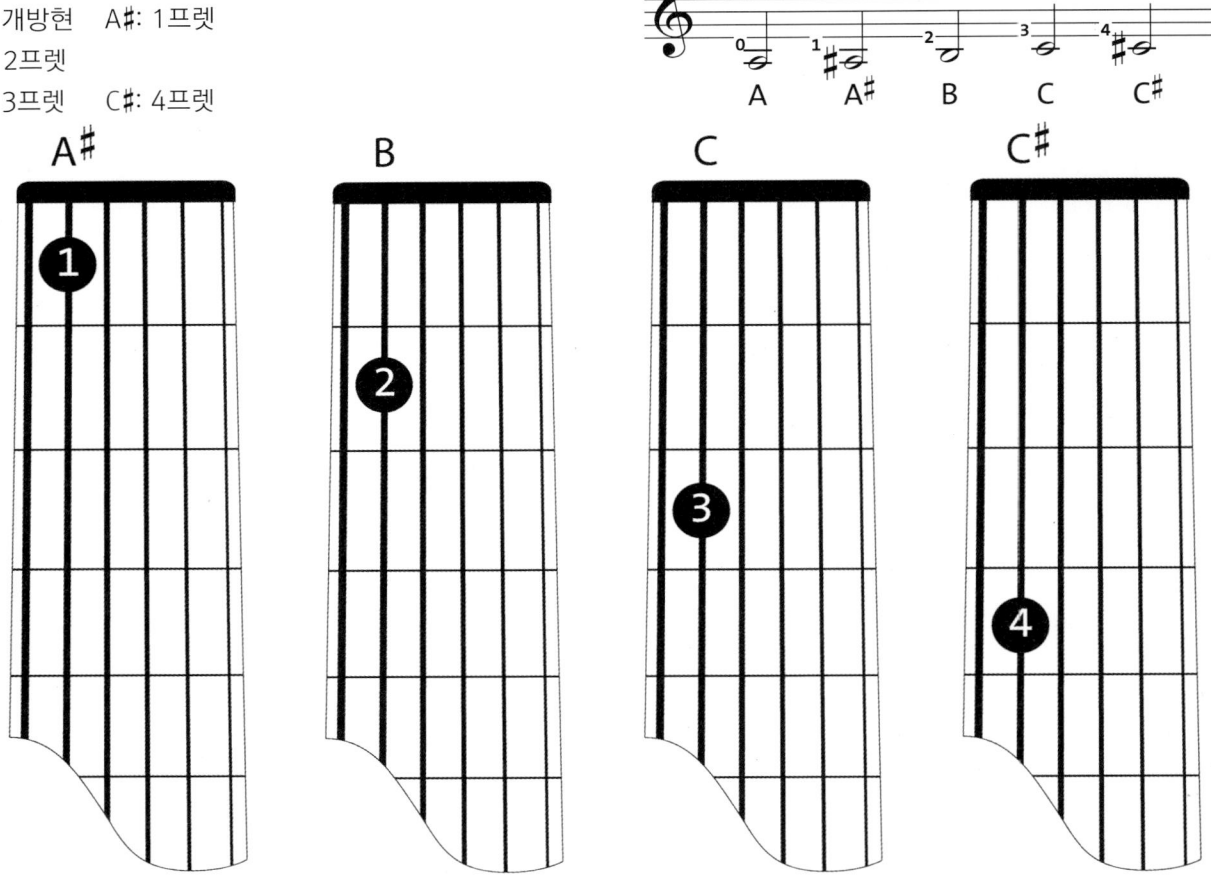

C장조 음계

이제 C장조 음계의 모든 음을 연주할 수 있습니다.

C장조의 조표에는 ♯이나 ♭이 없습니다. 왜일까요? C장조 음계를 연주하면서 생각해보세요!

Tip

상행과 하행을 따로
연습한 뒤에 이어서
연주해도 좋습니다.

코드 (Chords)

동시에 2음 이상을 연주하는 것을 코드 또는 화음이라고 합니다.

오른쪽 그림은 p와 i 손가락을 동시에 연주하는 것입니다.

연주하는 동안 두 손가락이 부딪히지 않도록 조심하세요.

우선 개방현부터 연습해보세요.

연습 1.

악보에서 윗줄은 음표의 기둥이 위를 향하고 아랫줄은 기둥이 아래를 향합니다.
윗줄과 아랫줄이 서로 다른 선율이기 때문에 분리해서 그리는 것이며, 기타 악보에서 자주 볼 수 있습니다.
아랫줄은 엄지로, 윗줄은 **m**이나 **i**로, 또는 **m**과 **i**를 번갈아 사용하여 연주하세요.

Tip

현을 퉁길 때 엄지가
계속 다른 손가락에
부딪히면, 오른손 자세를
다시 확인하세요.
손이 편안하게 아래를
향하고 있나요? 팔목이
부자연스럽게 꺾이지는
않았나요?

연습 2.

이제 지판을 누르며 연주하는 연습입니다. 윗줄과 아랫줄을 따로 연습한 다음에 익숙해지면 함께 연주해보세요.

연습 3.

기타 음악에서는 위와 아래 두 선율의 리듬이 다를 때도 악보를 이렇게 그립니다. 아래 악보를 연주해보세요.

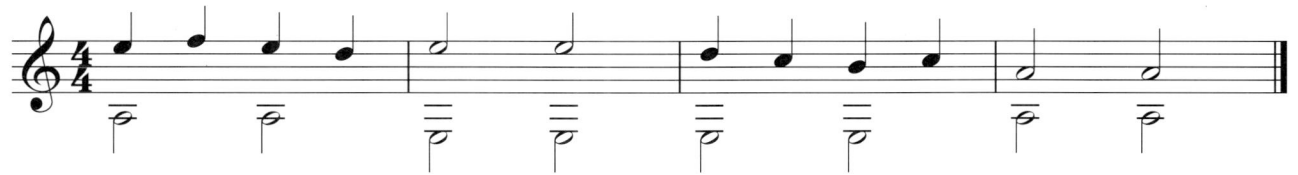

윗줄과 아랫줄을 따로
연습한 다음에 익숙해지면
함께 연주해보세요.

연습 4.

이제 베이스음이 선율을 연주합니다.

레슨 9를 위한 연주곡

47

Robin In The Garden (뜰 안에 들어온 지빠귀)

Michael McCartney

레슨 1에서는 이 곡의 베이스 음만 배웠지만 이제는 선율도 같이 연주할 수 있는 실력이 됐습니다!

48-49

We Three Kings (동방박사 세 사람)

크리스마스 캐롤

50-51

La Folia (라 폴리아)

외국 민요

아주 유명한 곡입니다. 그래서 이 선율에 기초한 변주곡도 많습니다. 이 선율을 잘 익혀두면 나중에 다양한 《라 폴리아》의
*변주곡을 연주할 때 도움이 될 것입니다.

* 변주곡 : 주제 선율을 리듬이나 반주 등으로 다양하게 변형시켜 연주하는 음악

goals:

1. 낮은 E현 (6번 현)의 E음, F음, F#음, G음, G#음
2. 1번 현의 G#음
3. A장조 음계
4. 점4분음표
5. 셈여림표: *mp* 와 *mf*

낮은 E현 (6번 현)의 음들

6번 현은 높은 E현(1번)보다 두 옥타브 낮은 E현입니다.
음이 아주 낮기 때문에 주로 반주를 연주합니다.
*운지법은 높은 E현과 같습니다.

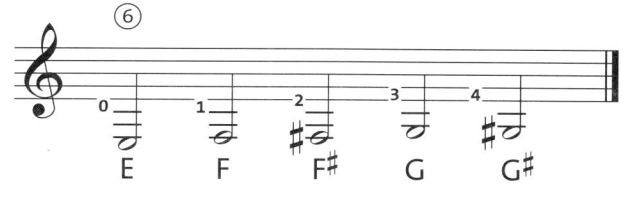

* 운지법 : 손가락으로 지판을 짚는 방법

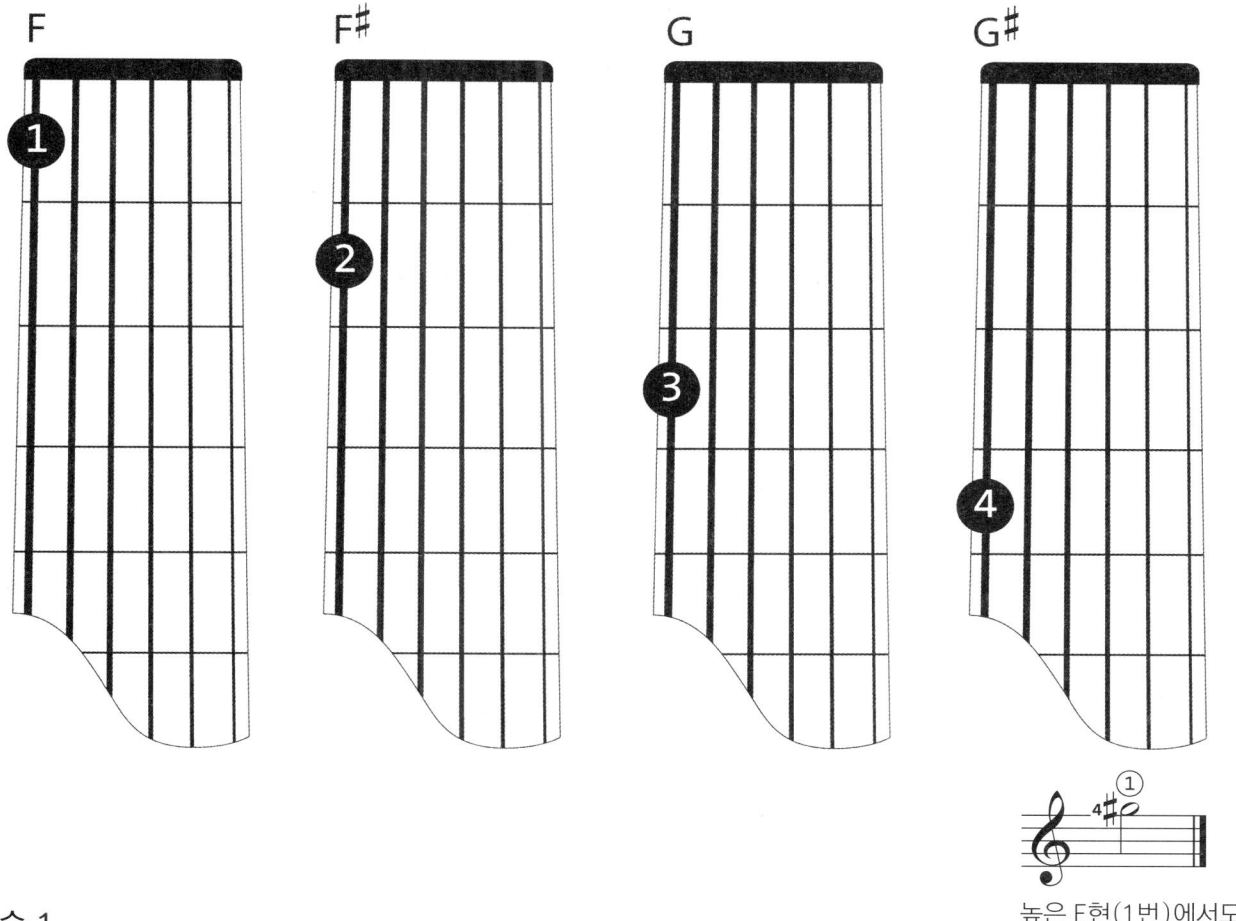

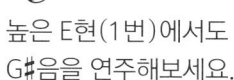

높은 E현(1번)에서도
G#음을 연주해보세요.

연습 1.

6번 현 연습입니다.

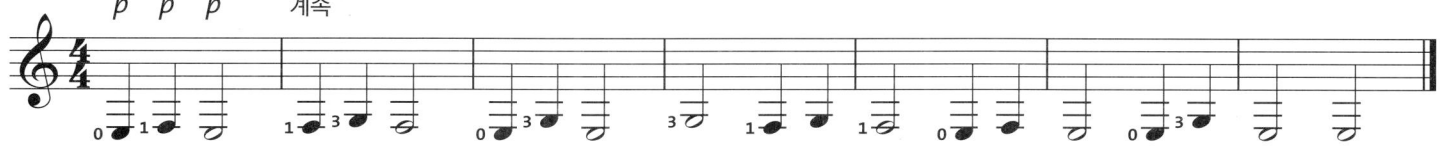

연습 2.

5번과 6번 현 연습입니다.

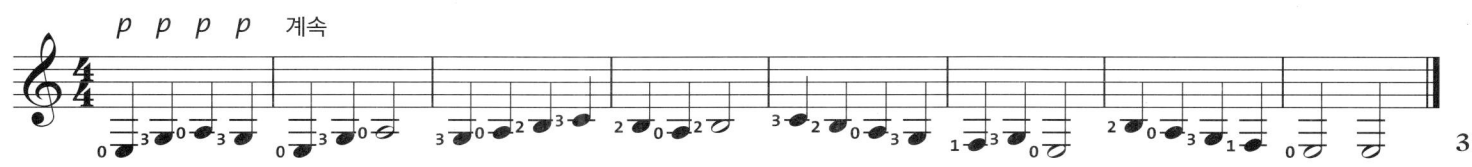

Lesson 10

점4분음표

음표 옆에 점이 있으면 원래 음표의 절반만큼 길이가 길어집니다.
레슨 2에서는 점2분음표를 3박으로 연주했습니다. (𝅗𝅥. = 𝅗𝅥 + ♩)
4분음표 옆의 점은 4분음표의 절반인 8분음표만큼의 길이를 더해줍니다. (♩. = ♩ + ♪)

연습 3.

Tip

큰 소리로 박을 세며 한 단씩 리듬에 맞춰 손뼉을 쳐보세요. 그런 다음 큰 소리로 박을 세며 연주해보세요. 익숙해지면 마음속으로 박을 세며 연주해보세요.

1 & 2 & 3 & 4 &

1 & 2 & 3 & 4 &

1 & 2 & 3 & 4 &

연습 4. Silent night (고요한 밤)

Franz Gruber

점4분음표를 잘 보며 연주해보세요.

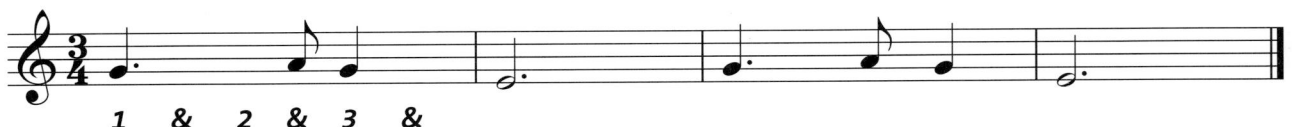

1 & 2 & 3 &

A장조 음계

이제 A장조 음계의 모든 음을 연주할 수 있습니다.
A장조에서는 F, C, G음에 ♯이 있습니다 (조표를 확인하세요).

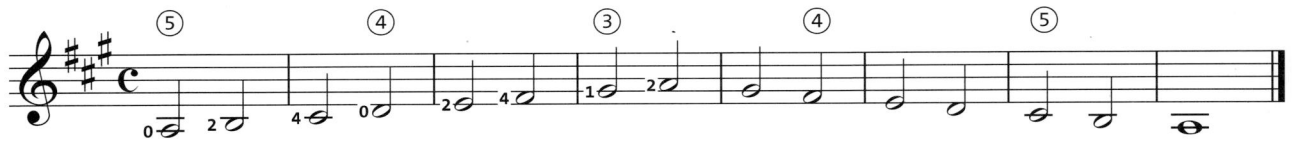

C♯음과 F♯음은 4번 손가락으로 연주합니다. 팔꿈치를 몸 쪽으로 붙이면 새끼손가락을 뻗지 않고 현을 누를 수 있습니다.

레슨 10을 위한 연주곡

Twinkle Twinkle Little Star (작은 별)

외국 민요

선율(윗줄)만 먼저 연습한 다음에 반주를 같이 연주해보세요.
반주 선율이 레슨 1과 조금 달라졌습니다. 악보를 잘 보며 연주하세요.

O, Little Town Of Bethlehem (오, 작은 마을 베들레헴)

크리스마스 캐롤

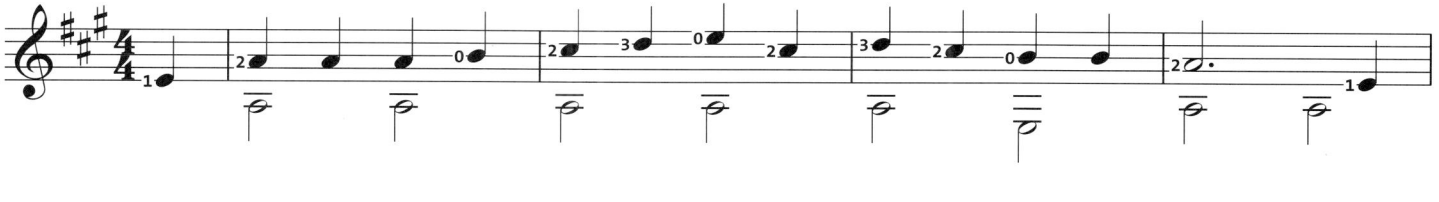

Away In A Manger (그 어린 주 예수)

크리스마스 캐롤

레슨 10을 위한 연주곡

Good King Wenceslas (기쁜 성탄의 날)

52-53

크리스마스 캐롤

처음부터 끝까지 5번 현의 C음이 반복됩니다. 3번 손가락을 C음 자리에 놓고 연주하세요.
베이스 음이 이렇게 계속 반복되는 것을 지속저음 또는 드론(drone)이라고 합니다.

Jingle Bells (징글벨)

J. S. Pierpont

40

응용곡

Silent Night (고요한 밤)

Franz Gruber

56-57

새로운 셈여림표가 나옵니다.

mp = 메조 피아노 (mezzo piano), 조금 여리게   *mf* = 메조 포르테 (mezzo forte), 조금 세게

Oh Come, All Ye Faithful (참 반가운 신도여)

크리스마스 캐롤

58-59

Etude, op. 60 no. 2 in C major (C장조 *에튀드)

Fernanado Sor

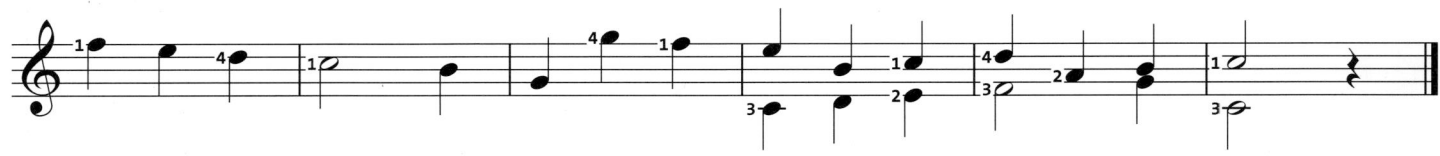

* 에튀드 : 연습곡

test:
Lesson 6 ~ 10

1. 음정

반음에는 **반**, 온음에는 **온**이라고 적으세요.

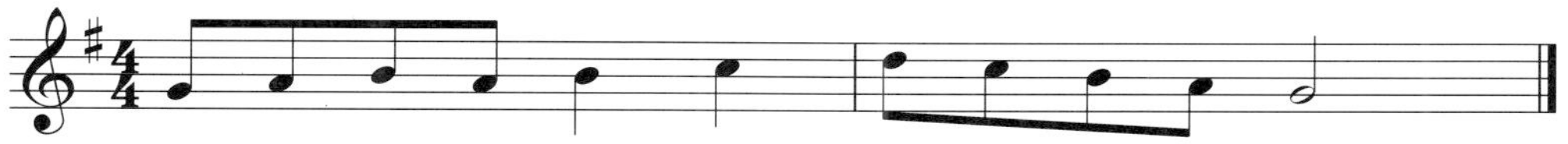

(10)

2. 조표

알맞은 조표를 그려보세요.

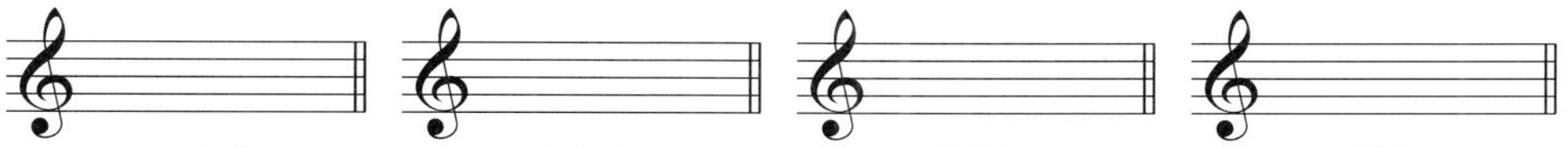

D장조   C장조   A장조   G장조

(10)

3. 셈여림표

다음 셈여림을 나타내는 기호를 적어보세요.

• 여리게 _____

• 세게 _____

• 점점 세게 _____

(6)

4. 음이름

악보 아래에 알맞은 음이름을 적고 연주해보세요.

(16)

5. 리듬치기

리듬에 맞춰 손뼉을 치거나 발을 굴러보세요.

(8)

Total (50)

Lesson 11

goals:

1. A단조 음계(2옥타브)
2. 1번 현의 높은 A음
3. $\frac{6}{8}$ 박자
4. 8분쉼표
5. 빠르기말

A단조 음계

지금까지 배운 음계는 모두 장음계였습니다. 이제 단음계를 배울 차례입니다.
A단조는 C장조처럼 조표가 없습니다.

연습 1.

A단조 음계는 아래 악보와 같습니다.

마지막 두 음의 음정을 들어보세요. 온음이라서 장음계처럼 끝나는 느낌이 강하지 않죠?
반음으로 바꿔서 음계를 조금 더 자연스럽게 만들어보겠습니다.

연습 2.

아래 악보는 화성단음계(harmonic minor)입니다. 조표 그대로 연주하는 자연단음계(natural minor)의 7번째 음을 반음 올려 이렇게 7음과 8음 사이를 반음으로 만든 것을 화성단음계라고 합니다.

위의 악보는 A음에서 시작해서 그 다음 A음으로 끝납니다. 이 두 A음 사이의 거리를 옥타브(octave)라고 합니다.
지금까지 배운 음계는 모두 1옥타브였습니다.
위의 악보에서 마지막 A음 위로 더 올라가면 더 높은 A음이 나옵니다.

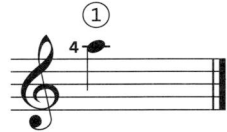 이렇게 세 번째 A음까지 진행하면 A단조 2옥타브 음계가 됩니다.

Tip
앞에서 배운 것처럼
저음현은 **p** 손가락으로,
고음현은 **m**과 **i** 손가락을
번갈아 사용하며
연습해보세요.
그런 다음에는
처음부터 끝까지
p와 **i** 손가락을
번갈아 사용하는
연습도 해보세요.

연습 3.

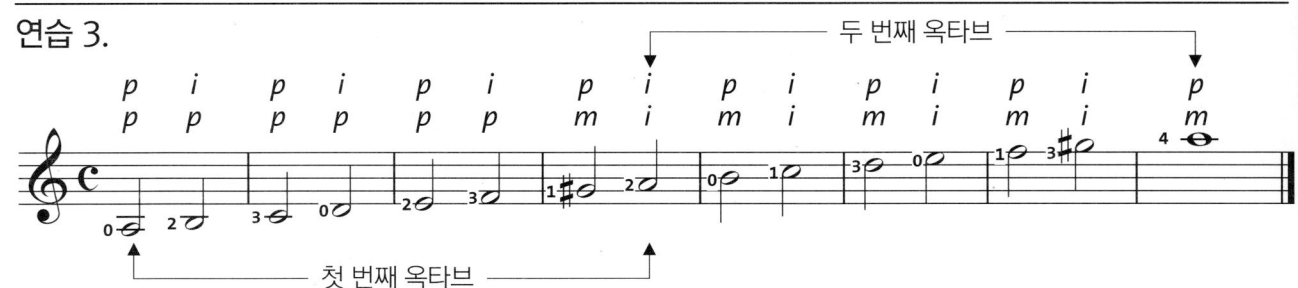

$\frac{6}{8}$ 박자

$\frac{6}{8}$ 박자표에서 아래의 숫자 8은 8분음표가 1박이라는 뜻입니다.
한 마디 안에 8분음표 6개가 있고, 6개의 8분음표가 셋씩 두 묶음으로 나뉘기 때문에 1박과 4박이 강박입니다.

연습 4.

6/8 박자에서 자주 나오는 리듬입니다. 큰 소리로 박을 세며 리듬치기 해보세요.

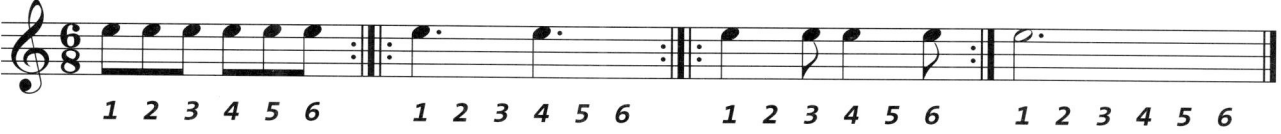

Tip

리듬에 가사를 붙이면 새로운 박자를 익히기가 쉽습니다.
예를 들어 **6/8** 박자에는 '도-토-리 도-토-리' 라고 말리듬을 붙일 수 있습니다. 나만의 가사를 붙여 리듬을 익혀보세요!

연습 5. Greensleeves (푸른 옷소매)

유명한 **6/8** 박자 곡입니다.

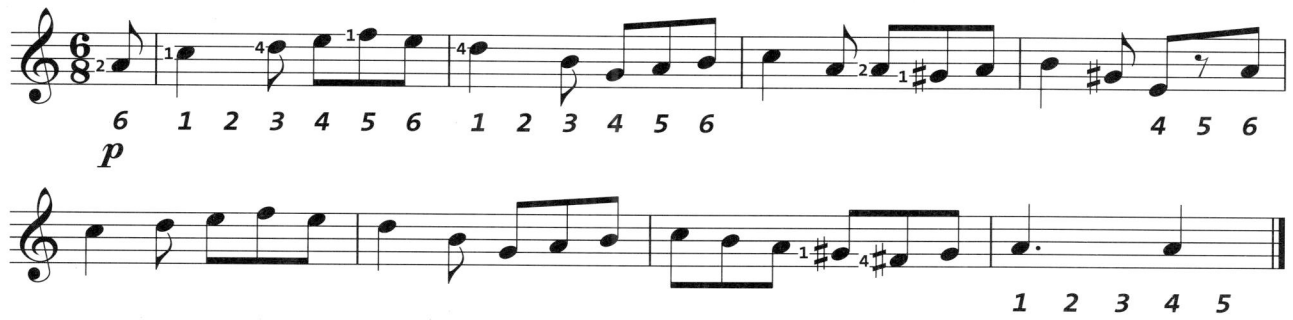

곡의 *템포를 가리키는 빠르기말 역시 이탈리아어를 사용합니다.

Andante (안단테) – 걷는 속도로   Moderato (모데라토) – 보통 빠르기로
Andantino (안단티노) – 안단테보다 조금 빠르게   Allegretto (알레그레토) – 조금 빠르게

* 템포 : 곡의 빠르기

레슨 11을 위한 연주곡

Minuet (미뉴엣)

Sylvius Leopold Weiss

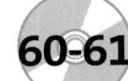

레슨 11을 위한 연주곡

60-61

Greensleeves (푸른 옷소매)

영국 민요

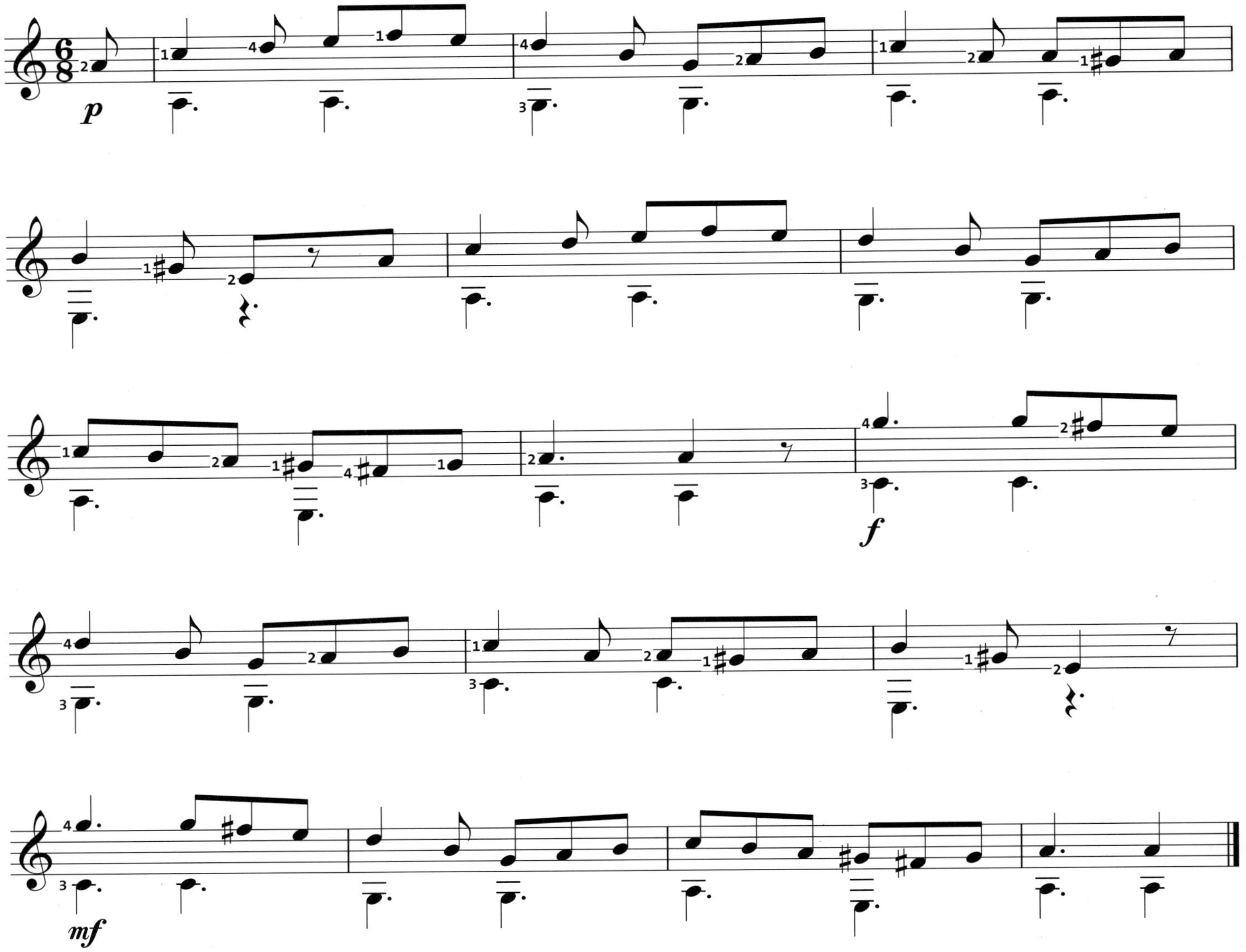

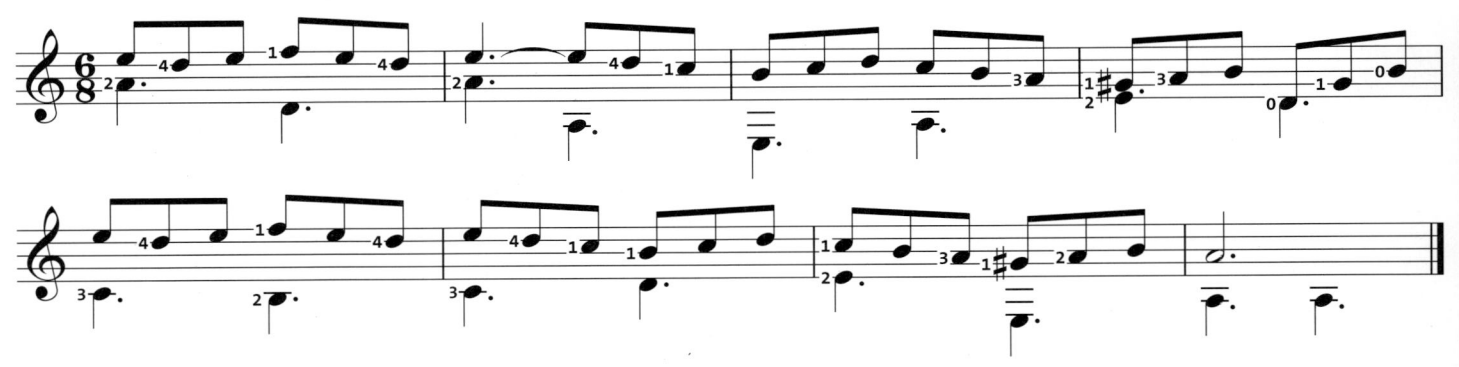

Dance (춤곡)

J. S. Bach

goals:

1. 3번 현의 A♯(B♭)음과 B음
2. 플랫

3. D단조 음계
4. 베이스에서 선율 연주하기

3번 현의 A♯(B♭)음과 B음

3번 현의 3프렛은 A♯음이고 4프렛은 B음입니다. B음은 2번 현의 개방음과 같은 음입니다. 같은 음이라도 여러 위치에서 연주할 수 있기 때문에, 음을 연주할 수 있는 여러 가지 방법을 잘 알아두면 편리하게 사용할 수 있습니다.

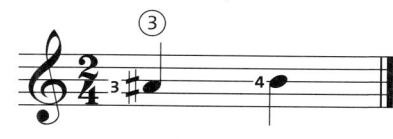

플랫 (flat)

♯은 반음 (한 프렛) 올리는 기능을 한다는 것을 앞에서 배웠습니다.

♭은 ♯과 반대로 반음 내리는 기능을 합니다.

같은 음이라도 ♯이나 ♭을 붙여 서로 다른 이름으로 부를 때가 있습니다. 예를 들어 A♯음은 B♭음과 같고, C♯음과 D♭음, F♯음과 G♭음이 같습니다. 이렇게 같은 음이 두 가지 이름을 갖는 경우, 이 음들을 이명동음 또는 딴이름 한소리라고 합니다.

다음 악보는 지금까지 배운 음들 중 이명동음인 음끼리 짝지은 것입니다.

D단조 음계

D단조는 조표에 ♭ 하나가 붙습니다 (B♭).

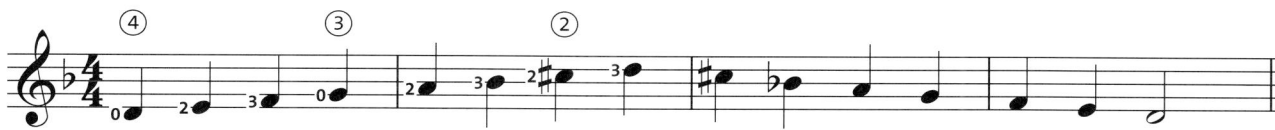

Tip

D단조 음계에도 7번째 음에 ♯이 있습니다. 레슨 11의 A 화성단음계를 참고하세요.

레슨 12를 위한 연주곡

Queen Of Hearts (하트의 여왕)

영국 민요

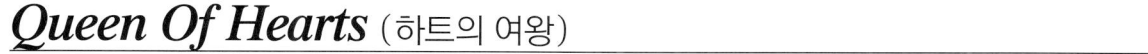

레슨 12를 위한 연주곡

Minuet (미뉴엣)

Henry Purcell

Etude (에튀드)

Napoléon Coste

Ballade (발라드)

Antonio Manjon

이번에는 선율이 베이스에 있습니다. 따라서 반주인 윗줄보다 선율인 아랫줄을 더 세게 연주해야 합니다.

goals:

1. 2음 코드 (i와 m으로 연주하기)
2. 2포지션
3. 2번 현의 D♯(E♭)음과 E음
4. A장조 음계 (한 옥타브 위에서)

2번 현의 D♯(E♭)음과 E음

D♯(E♭): 4프렛

E: 5프렛 (1번 현 개방음과 같습니다.)

A장조 음계 (한 옥타브 위에서)

레슨 10에서 배운 A장조 음계를 한 옥타브 높여 연주해보세요.

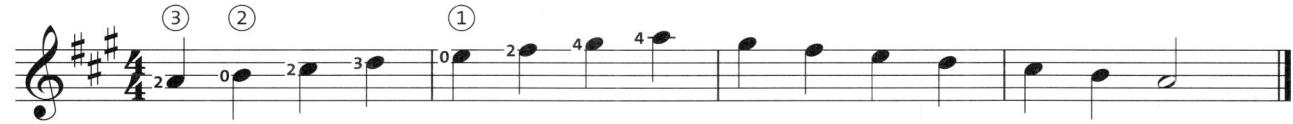

지금까지 배운 대로 연주하면(1포지션) 높은 A음을 짚기 위해 왼손의 위치를 옮겨야합니다. 하지만 2포지션에서 시작하면 손을 움직일 필요가 없습니다. 2포지션은 검지 손가락을 2프렛에 놓고 시작한다는 뜻입니다.

악보의 손가락번호를 보면서 A장조 음계를 2포지션에서 연주해보세요.

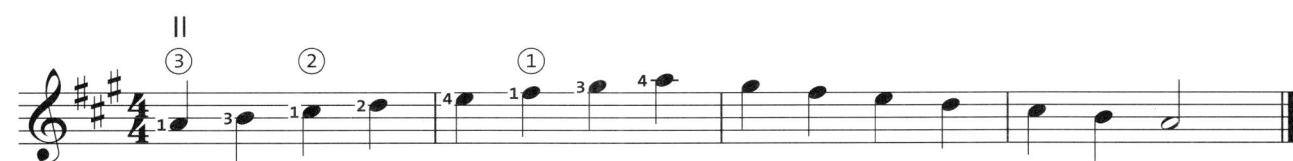

(Tip) 악보 위의 로마숫자 II는 2포지션으로 연주하라는 뜻입니다.

D장조와 A장조 음악은 2포지션에서 연주하면 편합니다.

연습 1. Simple Gifts (작은 선물)

Joseph Brackett

66-67

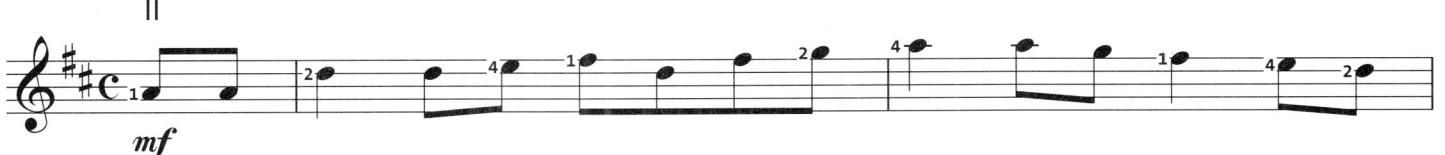

2음 코드와 3음 코드 (i와 m으로 연주하기)

지금까지는 **p**와 **i** 손가락 또는 **p**와 **m** 손가락으로 2음 코드를 연주했습니다.
하지만 2음 코드는 **i**와 **m** 두 손가락으로도 연주할 수 있습니다. 또 3음 코드는 **p**, **i**, **m** 손가락으로 연주할 수 있습니다.
i와 **m** 손가락을 동시에 연주하는 연습을 해보세요.

연습 2.

레슨 13을 위한 연주곡

Andantino, op. 50 no. 1 (안단티노)

Mauro Giuliani

Andantino (안단티노)

Matteo Carcassi

마지막 마디에 4음 코드가 있습니다. 엄지와 세 손가락을 모두 사용하여 최대한 깔끔하게 연주해보세요.

레슨 13을 위한 연주곡

Allegretto, op. 241 no. 9 (알레그레토)

Ferdinando Carulli

Allegretto

Tip

스케일을 연주할 때
오른손에서 **m**과 **i**
손가락 또는
p와 **i** 손가락을 번갈아
사용하세요.

E단조 음계 (2옥타브)

이제 E단조 2옥타브 음계 (화성단음계)를 연주해보세요.

아르페지오 (Arpeggio, 분산화음)

음계의 구성음은 아래와 같이 로마숫자로 표기합니다.

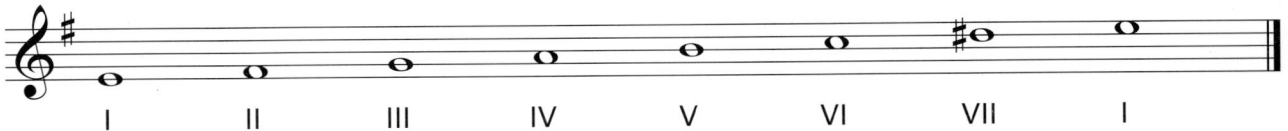

아르페지오 (분산화음)는 각 음계의 1, 3, 5도 음을 차례로 연주하는 것입니다.
E단조의 경우에는 E, G, B음으로 연주합니다.

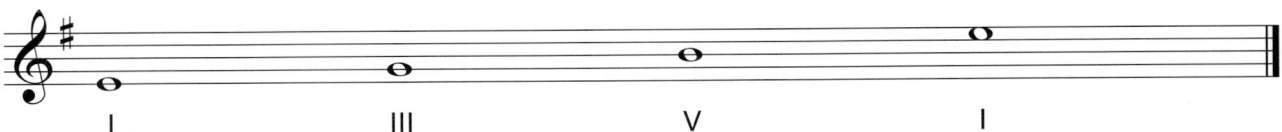

아르페지오는 선율에 자주 쓰이기 때문에 잘 익혀두면 연주에 도움이 됩니다.
다음은 지금까지 배운 장조와 단조의 아르페지오입니다.

악보처럼 상행 연습한 뒤에 하행으로도 연습하세요. G장조, A장조, A단조 아르페지오는 한 옥타브 낮춰서도 연습해보세요.
그리고 지금까지 배운 곡들과 레슨 14의 연주곡에서 아르페지오를 찾아보세요.

레슨 14를 위한 연주곡

Ecossaise, op. 168 no. 21 (에코세즈)

Joseph Küffner

이제 윗단과 아랫단을 모두 연주할 수 있을 것입니다. 반복할 때는 선생님과 위아래 파트를 바꿔 연주해보세요. 아랫단은
거의 아르페지오로만 구성되어 있습니다. 윗단 마디 1과 5의 구불구불한 선은 롤(roll) 코드라고 하며, 아래에서 위로 음을
차례로 빠르게 연주하라는 뜻입니다.

Moderato

Allegretto (알레그레토)

Matteo Carcassi

레슨 14를 위한 연주곡

Andante, op. 264 no. 1 (안단테)

Ferdinando Carulli

아래 악보에서 D. C.는 Da Capo (다 카포)의 약자로, 처음으로 돌아가서 한 번 더 연주하라는 뜻입니다. Fine (피네)는 '끝'
이라는 뜻이고 al Fine는 'Fine라고 표시된 곳까지'라는 뜻입니다.
아래 곡은 ABA형식입니다. 처음부터 Fine까지가 A부분이고, 그 뒤로 이어지는 부분이 B부분입니다. 그리고 다시 처음으로
돌아가서 Fine 까지 반복하기 때문에 마지막에 A부분이 돌아옵니다.

goals:

1. 모든 음 복습
2. G장조 음계 (2옥타브, 2포지션)
3. ⟨ ⟩
4. 늘임표 (페르마타)

모든 음 복습

지금까지 모든 현의 1~4프렛과 B현 5프렛 음을 배웠습니다.
악보를 보고 연주하며 지금까지 배운 음을 복습해보세요.

> **Tip**
>
> 음이름을 큰 소리로
> 말하면서 연주해보세요.

G장조 음계 (2옥타브)

레슨 7에서 G장조 1옥타브 음계를 배웠습니다. 이제 지금까지 배운 낮은 음들을 사용해 G장조 2옥타브 음계를
연주해보세요.

2포지션으로도 연습하면 뒤에 나올 연주곡에 도움이 될 것입니다.

> 지금까지 해왔던 것처럼
> 상행으로 연주한 뒤에
> 하행으로도 연주하세요.

D음과 G음을 개방현으로 연주하는 대신 바로 위 현의 5프렛을 짚어 연주합니다.
(D는 5번 현에서, G는 4번 현에서 연주합니다.)

셈여림표

크레셴도 (*crescendo*)는 점점 세게 연주하라는 뜻입니다.
디미누엔도 (*diminuendo*)는 점점 여리게 연주하라는 뜻입니다.

크레셴도와 디미누엔도는 악보 아래에 머리핀 모양의 기호로 표시하기도 합니다.

crescendo   *diminuendo*

레슨 15를 위한 연주곡

The Last Rose Of Summer (한 떨기 장미꽃)

아일랜드 민요

아래 곡들은 중간에 2포지션으로 이동해야 합니다. 악보 위의 로마숫자 I과 II를 잘 보며 연주하세요.

🎵 기호는 늘임표 또는 페르마타 (fermata)라고 합니다. 늘임표가 있으면 음표를 원래 길이보다 길게 연주합니다.

Minuet (미뉴엣)

J. S. Bach

75·76

레슨 15를 위한 연주곡

Romance (로망스)

Francesco Molino

77

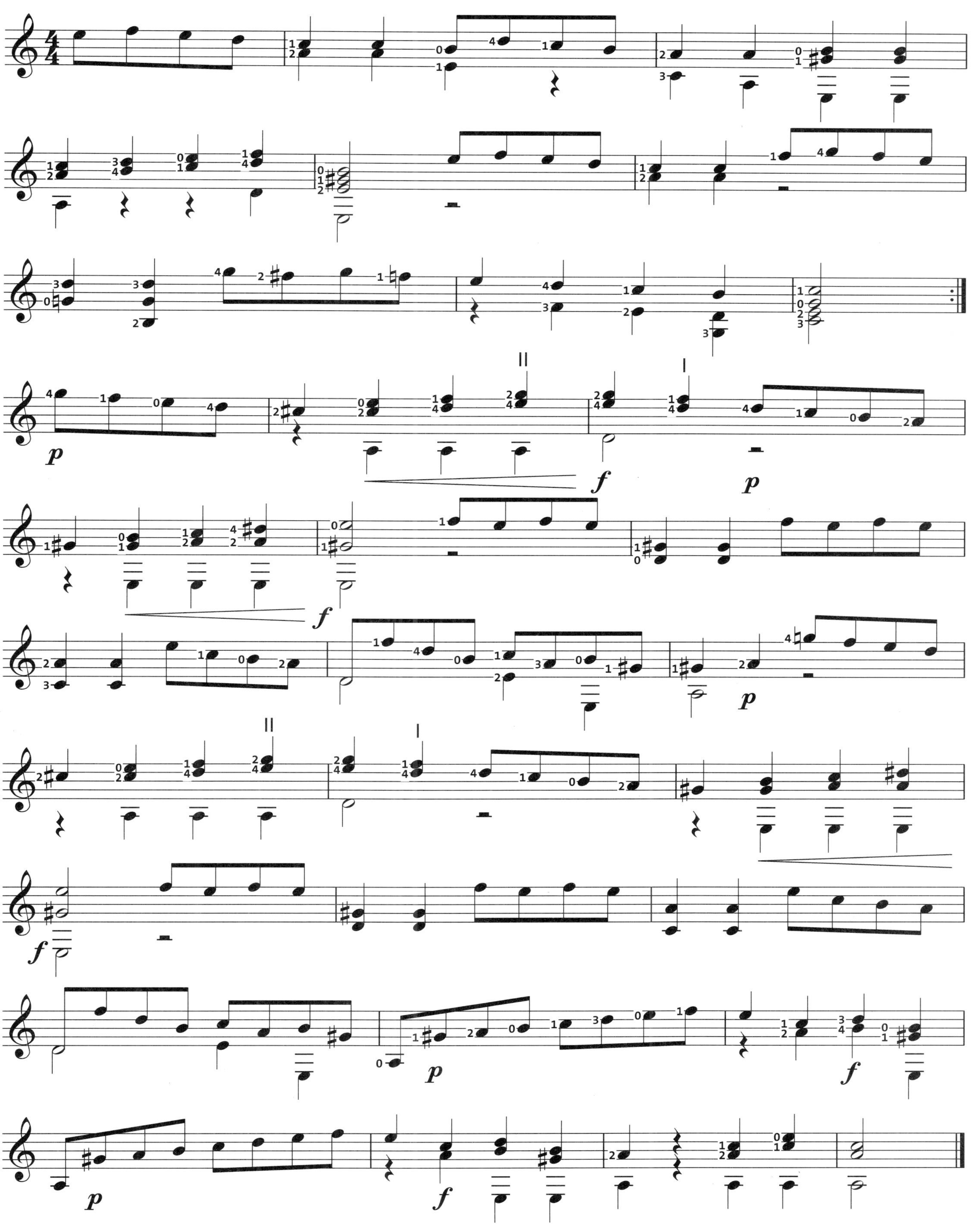

응용곡
Waltz, op. 241 no. 1 (왈츠)

Ferdinando Carulli

Poco Allegretto, op. 241 no. 12 (포코 알레그레토)

Ferdinando Carulli

Poco allegretto

That Sounds So Beautiful (참으로 아름답구나) 《마술피리》에서

W. A. Mozart

Allegretto

응용곡

Etude, op. 60 no. 5 in A minor (A단조 에튀드)

Fernando Sor

Fine

D.C. al Fine

응용곡

Andante in A minor (A단조 안단테)

Matteo Carcassi

Andante

응용곡

Allegretto in D major (D장조 알레그레토)

Matteo Carcassi

Allegretto

Fine

D.C. al Fine

test:
Lesson 11 ~ 15

1. 음악용어

다음 이탈리아어가 무슨 뜻인지 적어보세요.

• Moderato (모데라토) _____	• Diminuendo (디미누엔도) _____
• D.C. al Fine (다카포 알 피네) _____	• Andantino (안단티노) _____
• Fermata (페르마타) _____	• Crescendo (크레셴도) _____

(12)

2. 음계

2옥타브 A 화성단음계를 그려보세요.

(8)

3. 이명동음 (딴이름 한소리)

아래 음표들 옆에 이명동음을 그려보세요.

(12)

4. 아르페지오

알맞은 아르페지오를 그려보세요.

D 단조   C 장조   A 단조   G 장조

(10)

5. 리듬치기

리듬에 맞춰 손뼉을 쳐보세요.

(8)

Total (50)

CD track

1 튜닝음 E (6번 현)

2 튜닝음 A

3 튜닝음 D

4 튜닝음 G

5 튜닝음 B

6 튜닝음 E (1번 현)

7 클래식 기타 연주의 예
Moderato, Op. 35 no. 17 (Sor)

8 Robin In The Garden (듀엣)

9 Twinkle Twinkle Little Star (연주)

10 Twinkle Twinkle Little Star (반주)

11 Open String Blues (연주)

12 Open String Blues (반주)

13 Mr Harrison, His Pavane (연주)

14 Mr Harrison, His Pavane (반주)

15 Open String Waltz (듀엣)

16 Boating Song (연주)

17 Boating Song (반주)

18 The Old Russian Guitar (연주)

19 The Old Russian Guitar (반주)

20 Wait For Me (듀엣)

21 Appalachian Morning (듀엣)

22 Stiff Upper Lip (연주)

23 Stiff Upper Lip (반주)

24 Weston's Waltz (연주)

25 Weston's Waltz (반주)

26 Merrily We Roll Along (연주)

27 Merrily We Roll Along (반주)

28 Au Clair de la Lune (듀엣)

29 Lightly Row (듀엣)

30 London Bridge Is Falling Down (연주)

31 London Bridge Is Falling Down (반주)

32 Go From My Window (연주)

33 Go From My Window (반주)

34 The Harvesters (Couperin) (연주)

35 The Harvesters (Couperin) (반주)

36 La Volta (Praetorius) (연주)

37 La Volta (Praetorius) (반주)

38 Romance (Küffner) (듀엣)

39 Rhys' Fantasy (연주)

40 Scarborough Fair (연주)

41 Scarborough Fair (반주)

42 Amazing Grace (연주)

43 Amazing Grace (반주)

44 Botany Bay (연주)

45 Botany Bay (반주)

46 Ecossaise (Küffner) (듀엣)

47 Robin In The Garden (연주)

48 We Three Kings (연주)

49 We Three Kings (반주)

50 La Folia (연주)

51 La Folia (반주)

52 Good King Wenceslas (연주)

53 Good King Wenceslas (반주)

54 Jingle Bells (연주)

55 Jingle Bells (반주)

56 Silent Night (연주)

57 Silent Night (반주)

58 Oh Come, All Ye Faithful (연주)

59 Oh Come, All Ye Faithful (반주)

60 Greensleeves (연주)

61 Greensleeves (반주)

62 Queen Of Hearts (연주)

63 Queen Of Hearts (반주)

64 Minuet (Purcell) (연주)

65 Minuet (Purcell) (반주)

66 Simple Gifts (연주)

67 Simple Gifts (반주)

68 연습 2 (연주)

69 연습 2 (반주)

70 Andantino (Carcassi) (연주)

71 Andantino (Carulli) (연주)

72 Ecossaise (Küffner) (듀엣)

73 Allegretto (Carcassi) (연주)

74 Andante (Carulli) (연주)

75 Minuet (Bach) (연주)

76 Minuet (Bach) (반주)

77 Romance (Molino) (연주)

부록 CD

트랙 1-6은 튜닝 트랙이고 트랙 7은 기타 연주의 예를 들려줍니다.

트랙 8부터는 책에 배치된 순서대로 악곡이 수록되어 있습니다.

그림 위에 적힌 숫자가 트랙 번호입니다.

발행인 이병직
발행처 도서출판 뮤직트리

초판 1쇄 발행 2011년 6월 20일

출판신고 2003년 7월 11일 제 406 - 2003 - 00006호
121 - 840 서울시 마포구 서교동 395 - 179 미르B/D 3F TEL.02)325 - 2592 FAX.02)334 - 4704

번   역 윤인영
감   수 이성우
편   집 강효정 · 박수연 · 윤인영 · 김지니
디자인 책임 이현정
디자인 진행 페이지 엠(www.page - m.com)

ISBN 978 - 89 - 6296 - 158 - 4
　　　978 - 89 - 6296 - 148 - 5(set)

정가 10,000원

www.adventure.co.kr

6	7	8	9	10	11	12
A#/B♭	B	C	C#/D♭	D	D#/E♭	E
F	F#/G♭	G	G#/A♭	A	A#/B♭	B
C#/D♭	D	D#/E♭	E	F	F#/G♭	G
G#/A♭	A	A#/B♭	B	C	C#/D♭	D
D#/E♭	E	F	F#/G♭	G	G#/A♭	A
A#/B♭	B	C	C#/D♭	D	D#/E♭	E

6	7	8	9	10	11	12
A#/B♭	B	C	C#/D♭	D	D#/E♭	E
F	F#/G♭	G	G#/A♭	A	A#/B♭	B
C#/D♭	D	D#/E♭	E	F	F#/G♭	G
G#/A♭	A	A#/B♭	B	C	C#/D♭	D
D#/E♭	E	F	F#/G♭	G	G#/A♭	A
A#/B♭	B	C	C#/D♭	D	D#/E♭	E

유용한 아르페지오와 코드

E

E장조
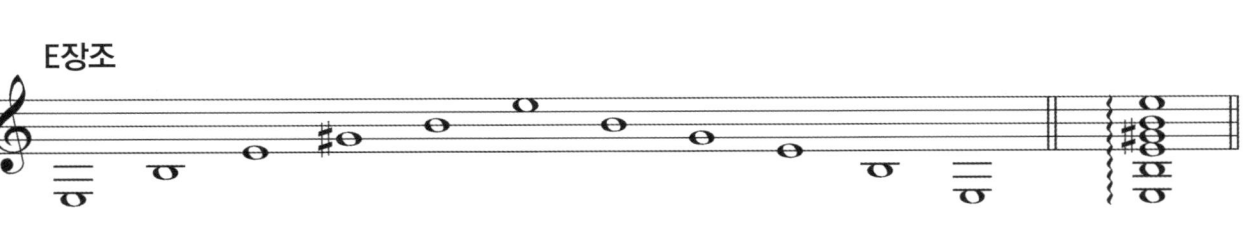
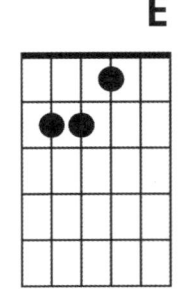

Em

E단조
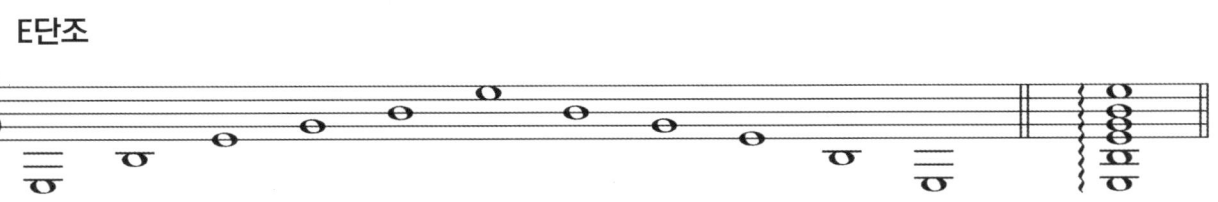
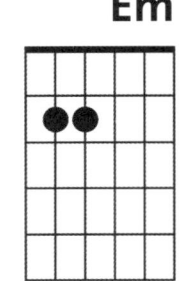

F

F장조

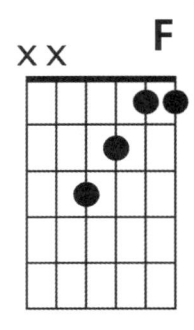

G

G장조
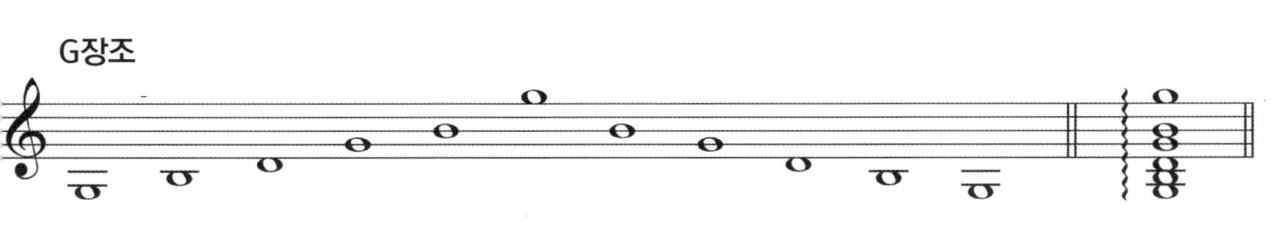
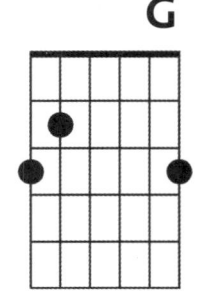

	1	2	3	4	5
E	F	F#/G♭	G	G#/A♭	A
B	C	C#/D♭	D	D#/E♭	E
G	G#/A♭	A	A#/B♭	B	C
D	D#/E♭	E	F	F#/G♭	G
A	A#/B♭	B	C	C#/D♭	D
E	F	F#/G♭	G	G#/A♭	A

E · F · F#/G♭ · G · G#/A♭ · A

B · C · C#/D♭ · D · D#/E♭ · E

G · G#/A♭ · A · A#/B♭ · B · C

D · D#/E♭ · E · F · F#/G♭ · G

A · A#/B♭ · B · C · C#/D♭ · D

E · F · F#/G♭ · G · G#/A♭ · A

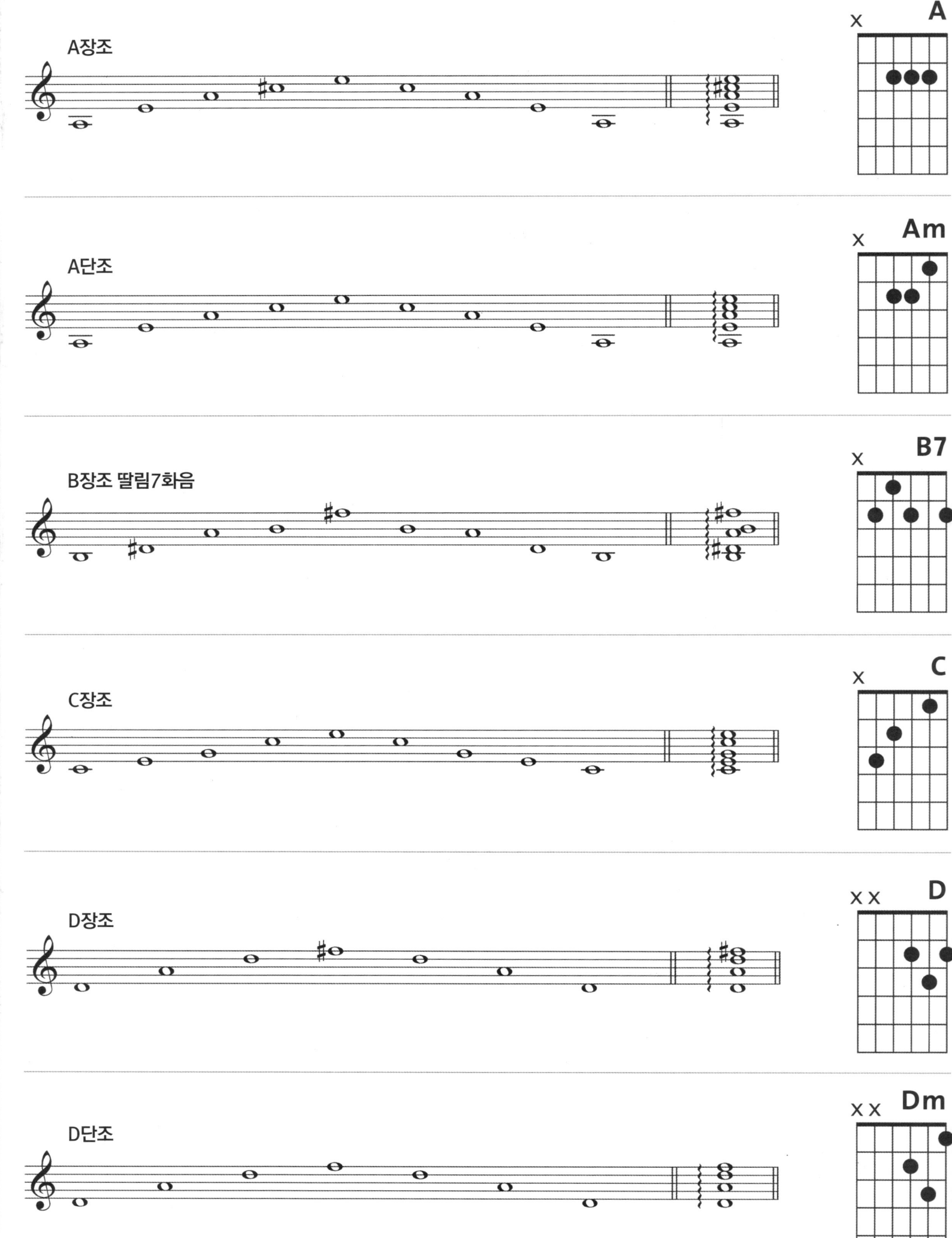